【晉】杜預撰　【唐】陸德明音義
年表【□】□□撰　名號歸一圖【後蜀】馮繼先撰

# 武英殿仿相臺岳氏本五經

# 春秋經傳集解

三

上海古籍出版社

# 本册目録

# 春秋經傳集解成公上第十二

成公名黑肱，宣公子。諡法安民立政曰成。

盡十年

經元年春王正月，公即位。無傳。二月辛酉，葬我君宣公。無傳。無冰。無傳。周二月，今之十二月。而無冰，書冬溫。三月，作丘甲。周禮九夫爲井。四井爲邑。四邑爲丘。丘十六井。出戎馬一匹。牛三頭。四丘爲甸。甸六十四井。出長轂一乘。戎馬四匹。牛十二頭。甲士三人。步卒七十二人。此甸所賦。今魯使丘出之。譏重斂。故書。○甸，繩證反。斂，力驗反。夏，臧孫許及晉侯盟于赤棘［晉地］秋王師敗績于茅戎［茅戎戎别種不言戰王者至尊天下莫之得校故以自敗爲文不書敗地而書茅戎明爲茅戎所敗書秋從告○茅亡交反］冬十月

傳元年春晉侯使瑕嘉平戎于王［平文十七年邥垂之役○詹嘉處瑕故謂之瑕嘉○邥音審］單襄公如晉拜成［單襄公王卿士謝晉爲平戎○單音善爲于僞反］劉康公徼戎將遂伐之［康公王季子也○戎平還欲要其無備○徼古堯反］叔服曰背盟而欺大國此必敗［叔服周内史○背音佩下同］背盟不祥欺大國

不義。神人弗助。將何以勝。不聽。遂伐茅戎。三月癸未。敗績于徐吾氏。徐吾氏。茅戎之別也。爲齊難故作丘甲。前年魯乞師於楚。欲以伐齊。楚師不出。故懼而作丘甲。○難乃旦反。下同聞齊將出楚師。夏。盟于赤棘。與晉盟。懼齊楚秋。王人來告敗。解經所以秋乃書冬。臧宣叔令脩賦繕完治完城郭。○繕市戰反。完和端反具守備。曰。齊楚結好。我新與晉盟。晉楚爭盟。齊師必至。雖晉人伐齊。楚必救之。是齊楚同我也。同。共也。○守手又反知難而有備。

乃可以逞。逞，解也。爲二年齊侯伐我傳。○解音蟹

經。二年，春，齊侯伐我北鄙。夏四月丙戌，衛孫良夫帥師及齊師戰于新築，衛師敗績。新築，衛地。皆陳曰戰。大崩曰敗績。四月無丙戌。丙戌，五月一日。六月癸酉，季孫行父、臧孫許、叔孫僑如、公孫嬰齊帥師會晉郤克、衛孫良夫、曹公子首及齊侯戰于鞌，齊師敗績。魯乞師於晉，而不以與謀之例者，從盟主之令，上行於下，非匹敵和成之類。例在宣七年。曹大夫常不書，而書公子首者，首命於國，備於禮，成爲卿故也。鞌，齊地。○郤去

逆反音安鞌秋七月。齊侯使國佐如師。己酉。及國佐盟于袁婁穀梁曰。鞌去齊五百里。袁婁去齊五十里八月壬午。宋公鮑卒未同盟而赴以名。鮑步卯反庚寅。衛侯速卒宣十七年盟于斷道。據傳。庚寅九月七日取汶陽田晉使齊還魯。故書取。不以好得故不言歸。好呼報反冬。楚師鄭師侵衛子重不書。不親伐十有一月。公會楚公子嬰齊于蜀公與大夫會。不貶嬰齊者。時有許蔡之君故丙申。公及楚人。秦人。宋人。陳人。衛人。鄭人。齊人。曹人。邾人。薛人。鄫人。盟于蜀齊在

鄭下。非卿。傳曰。卿不書。匱盟也。然則楚卿於是始與中國準。自此以下。楚卿不書。皆貶惡也

傳。二年。春。齊侯伐我北鄙。圍龍。龍。魯邑。在泰山博縣西南頃公之嬖人盧蒲就魁門焉。攻龍門也龍人囚之。齊侯曰。勿殺。吾與而盟。無入而封。封。竟弗聽。殺而膊諸城上。膊。磔也。○膊。普各反。磔。陟百反齊侯親鼓。士陵城。三日。取龍。遂南侵。及巢丘。取龍侵巢丘不書。其義未聞衛侯使孫良夫。石稷。甯相。向禽將侵齊。與齊

師遇齊伐魯還。相遇於衛地。良夫孫林父之父。石稷。石碏四世孫。甯相。甯俞子。○相息亮反向舒亮反石子欲還。孫子曰。不可以師伐人。遇其師而還。將謂君何。言無以荅君若知不能。則如無出。今既遇矣。不如戰也。夏有闕文。失新築戰事石成子曰。師敗矣。子不少須。衆懼盡。成子。石稷也。衞師已敗。而孫良夫復欲戰。故成子欲使須救子喪師徒。何以復命。皆不對。又曰。子國卿也。隕子。辱矣。隕見禽獲子以衆退。我此乃止。我於此止。禦齊師且告車來甚衆。新築人救孫桓子。故竝告令軍中。齊師乃止。次于鞫居。鞫居。衛地。○鞫居六反。新築人仲叔于奚救孫桓子。桓子是以免。于奚。守新築大夫。既。衛人賞之以邑。賞于奚。辭。請曲縣、繁纓以朝。軒縣也。周禮。天子樂宮縣。四面。諸侯軒縣。闕南方。○縣音懸。繁纓。馬飾。皆諸侯之服。○繁步干反。許之。仲尼聞之曰。惜也。不如多與之邑。唯器與名。不可以假人。器。車服。名。爵號。君之所司也。名以出信。名位不愆。爲民所信。信以守器。動不失信。則車服可保。器以藏禮。車服所以表尊卑。禮以行義。

尊卑有禮。各得其宜義以生利得其宜則利生利以平民政之大節也。若以假人與人政也。政亡。則國家從之弗可止也已。孫桓子還於新築不入不入國遂如晉乞師。臧宣叔亦如晉乞師。皆主郤獻子宣十七年。郤克至齊。爲婦人所笑。遂怒。故魯衛因之。孫桓子臧宣叔皆不以國命。各自詣郤克。故不書晉侯許之七百乘五萬二千五百人郤子曰。此城濮之賦也城濮在僖二十八年有先君之明與先大夫之肅。故捷克於先大夫無能爲役不中爲之役使請八百乘。許之。六萬人郤克將中軍。士燮佐上軍。范文子代荀庚欒書將下軍。代趙朔韓厥爲司馬。以救魯衛。臧宣叔逆晉師。且道之。季文子帥師會之。及衛地。韓獻子將斬人。郤獻子馳將救之。至則既斬之矣。郤子使速以徇。告其僕曰。吾以分謗也。不欲使韓氏獨受謗師從齊師于莘。莘。齊地。六月壬申。師至于靡笄之下。靡笄。山名。靡如字。又音摩。笄音雞齊侯使請戰。曰。子以君師。辱於敝邑。

不腆敝賦。詰朝請見。詰朝。平旦。見賢遍反。對曰。晉與魯衛。兄弟也。來告曰。大國朝夕釋憾於敝邑之地。大國。謂齊。敝邑。魯衛自稱。寡君不忍。使羣臣請於大國。無令輿師淹於君地。輿。衆也。淹。久也。能進不能退。君無所辱命。言自欲戰。不復須君命。齊侯曰。大夫之許。寡人之願也。若其不許。亦將見也。齊高固入晉師。桀石以投人。桀。擔也。擔丁甘反。禽之而乘其車。既獲其人。因釋己車。而載所獲者車。繫桑本焉。以徇齊壘。將至齊壘。

以桑樹繫車而走。欲自異曰。欲勇者賈余餘勇賈。買也。言已勇有餘欲賣之癸酉。師陳于鞌。邴夏御齊侯。逢丑父爲右。晉解張御郤克。鄭丘緩爲右。齊侯曰。余姑翦滅此而朝食姑。且也。翦。盡也。○陳直覲反。邴音丙。解音蟹不介馬而馳之介。甲也郤克傷於矢。流血及屨。未絕鼓音中軍將自執旗鼓。故雖傷而擊鼓不息曰。余病矣。張侯曰。自始合。而矢貫余手及肘。余折以御。左輪朱殷。豈敢言病。吾子忍之張侯。解張也。朱。血色。血色久則殷。殷音近

烟。今人謂赤黑爲殷色。言血多。汙車輪。御猶不敢息。○折之設反殷於閑反。又於辰反汙音烏。又一故反

緩曰。自始合苟有險。余必下推車。子豈識之。然子病矣。以其不識己推車。○推昌誰反。又他回反

張侯曰。師之耳目。在吾旗鼓。進退從之。此車一人殿之。可以集事。殿。鎮也。集。成也○殿多練反

若之何其以病敗君之大事也。擐甲執兵。固即死也。擐。貫也。即。就也。○擐音患

病未及死。吾子勉之。左并轡。右援枹而鼓。馬逸不能止。師從之。晉師從郤克車。○并必政反援音爰

枹音浮。鼓槌也。齊師敗績。逐之。三周華不注。華不注。山名。○華如字。又戶化反。韓厥夢子輿謂己曰。且辟左右。子輿。韓厥父。故中御而從齊侯。居中代御者。自非元帥。御者皆在中。將在左。邴夏曰。射其御者。君子也。公曰。謂之君子而射之。非禮也。齊侯不知戎禮。○射食亦反。下皆同。射其左。越于車下。越。隊也。○隊直類反。射其右。斃于車中。綦毋張喪車。從韓厥曰。請寓乘。綦毋張。晉大夫。寓。寄也。○毋音無。乘繩證反。從左右。皆肘之。使立於後。以左右皆死。不欲使立其處。

韓厥俛定其右俛，俯也。右被射仆車中。故俯安隱之。○俛音勉逢丑父與公易位居公處將及華泉驂絓於木而止驂馬絓也。○華戶化反。絓戶卦反。一音卦丑父寢於轏中轏，士車。○轏仕産反。又仕諫反。卧車也蛇出於其下以肱擊之傷而匿之故不能推車而及爲韓厥所及。丑父欲爲右，故匿其傷韓厥執縶馬前縶，馬絆也。執之，示脩臣僕之職。○縶張立反，絆音半再拜稽首奉觴加璧以進進觴璧，亦以示敬曰寡君使羣臣爲魯衛請曰無令輿師陷入君地本但爲二國救請。不欲乃過入君地。謙辭。○爲，于僞反下臣不幸，屬當戎行，無所逃隱。屬，適也。○屬音燭。行，下郎反且懼奔辟而忝兩君，臣辱戎士。若奔辟則爲辱晉君，并爲齊侯羞，故言二君。此蓋韓厥自處臣僕，謙敬之飾言。○辟音避敢告不敏，攝官承乏。言欲以已不敏攝承空乏。從君俱還丑父使公下，如華泉取飲。鄭周父御佐車，宛茷爲右，載齊侯以免。佐車，副車。○宛，紆元反。茷，扶廢反韓厥獻丑父，郤獻子將戮之。呼曰：自今無有代其君任患者，有一於此，將爲戮乎？郤子曰：人不難以死免其君我戮之不祥赦之以勸事君者乃免之齊侯免求丑父三入三出重其代己。故三入晉軍求之。○呼火故反。○任音壬。○難乃旦反每出齊師以帥退。入于狄卒齊師大敗皆有退心。故齊侯輕出其衆。以帥厲退者。遂迸入狄卒。狄卒者。狄人從晉討齊者。○輕遣政反。迸補諍反狄卒皆抽戈楯冒之以入于衛師。衛師免之狄衛畏齊之强。故不敢害齊侯。皆共免護之。○楯食準反。又音允遂自徐關入。齊侯見保者曰。勉之齊師敗矣所過城邑。皆勉勵其守者辟女子使辟君也。齊侯單還。

故婦人不辟之。○辟音避女子曰。君免乎。曰。免矣。曰。鋭司
徒免乎。曰。免矣鋭司徒。主鋭兵者。○鋭悅歲反曰。苟君與吾
父免矣。可若何言餘人不可復如何乃奔走辟君齊侯以
爲有禮先問君後問父。故也既而問之。辟司徒之妻也。
辟司徒。主壘壁者。○辟音壁子之石窌石窌。邑名。濟北盧縣東有地名石窌
○窌力救反。一力到反晉師從齊師。入自丘輿。擊馬陘
丘輿。馬陘。皆齊邑。○陘音刑齊侯使賓媚人。賂以紀甗玉
磬與地媚人。國佐也。甗。玉甑。皆滅紀所得。○甗魚輦反。又音彥。又音言。甑子孕反

不可。則聽客之所爲。賓媚人致賂。晉人不可。曰。必以蕭同叔子爲質同叔。蕭君之字。齊侯外祖父。子。女也。難斥言其母。故遠言之。質音致。下同。難乃旦反而使齊之封內盡東其畝使壟畝東西行。盡津忍反行戶郎反。又如字對曰。蕭同叔子非他。寡君之母也。若以匹敵。則亦晉君之母也。吾子布大命於諸侯。而曰。必質其母以爲信。其若王命何言違王命且是以不孝令也。詩曰。孝子不匱。永錫爾類詩大雅。言孝心不乏者。又能以孝道長賜其志類若以不孝令於諸侯其無乃非德類也乎不以孝德賜同類先王疆理天下物土之宜而布其利疆界也。理。正也。物土之宜。播殖之物各從土宜故詩曰我疆我理南東其畝詩小雅。或南或東。從其土宜今吾子疆理諸侯而曰盡東其畝而已唯吾子戎車是利晉之伐齊循壟東行易無顧土宜其無乃非先王之命也乎反先王則不義何以爲盟主其晉實有闕闕失四王之王也禹湯文武。之王于況反樹德而濟同欲焉樹。立也。濟。成也。五伯之霸也夏伯昆吾。商伯大彭。豕韋。周伯齊桓。晉文。或曰。桓。文。宋襄。秦穆。楚莊勤而撫之以役王命役。事也今吾子求合諸侯以逞無疆之欲疆。竟也詩曰布政優優百祿是遒詩。頌。殷湯布政優和。故百祿來聚。遒。聚也子實不優而弃百祿諸侯何害焉言不能爲諸侯害不然不見許寡君之命使臣則有辭矣曰子以君師辱於敝邑不腆敝賦以犒從者戰而曰犒。爲孫辭。○使所吏反從才用反畏君之震師徒橈敗震。動。橈。曲也。○橈乃教反吾子惠徼齊國之福，不泯其社稷，使繼舊好，唯是先君之敝器土地不敢愛。子又不許，請收合餘燼（燼，火餘木。○燼，似刃反。）背城借一（欲於城下復借一戰。○背，音佩。）敝邑之幸，亦云從也，況其不幸，敢不唯命是聽。（言完全之時，尚不敢違晉，今若不幸，則從命。）魯衛諫曰：齊疾我矣，（諫郤克也。）其死亡者，皆親暱也。子若不許，讎我必甚。唯子則又何求？子得其國寶，（謂甗磬。○暱，女乙反。）我亦得地，（齊歸所侵。）而紓於難。（齊服則難緩。○紓，音舒。難，乃旦反。）

其榮多矣齊晉亦唯天所授豈必晉晉人許之對曰羣臣帥賦輿賦輿猶兵車以爲魯衞請若苟有以藉口而復於寡君藉薦。復白也。○爲于僞反藉在夜反君之惠也敢不唯命是聽禽鄭自師逆公禽鄭魯大夫。歸逆公會晉師秋七月晉師及齊國佐盟于爰婁使齊人歸我汶陽之田公會晉師于上鄍上鄍。地闕。公會晉師不書。史闕賜三帥先路三命之服三帥郤克。士燮欒書。已嘗受王先路之賜。今改而易新。幷此車所建所服之物司馬司空輿帥、候正、亞旅，皆受一命之服。晉司馬司空皆大夫輿帥主兵車。候正主斥候。亞旅亦大夫也。皆魯侯賜八月，宋文公卒。始厚葬，用蜃炭，益車馬，始用殉。燒蛤爲炭以瘞壙多埋車馬用人從葬。○蜃市忍反重器備，重猶多也。○重直恭反椁有四阿，棺有翰檜。四阿。四注椁也。翰旁飾。檜上飾。皆王禮○翰戶旦反。一音韓。檜古外反。又音會君子謂華元、樂舉於是乎不臣。臣治煩去惑者也，是以伏死而爭。今二子者，君生則縱其惑，謂文十八年殺母弟須。○去起呂反死又益其侈，是弃君於惡也。何臣之爲（若言何用爲臣）九月。衛穆公卒。晉三子自役弔焉。哭於大門之外。（師還過衛。故因弔之。未復命。故不敢成禮）衛人逆之（逆於門外。設喪位）婦人哭於門內（喪位。婦人哭於堂。賓在門外。故移在門內）送亦如之。遂常以葬（至葬行此禮）楚之討陳夏氏也（在宣十一年）莊王欲納夏姬。申公巫臣曰。不可。君召諸侯。以討罪也。今納夏姬。貪其色也。貪色爲淫。淫爲大罰。周書曰。明德愼罰（周書。康誥）文王所以造周也。明德。務崇之之謂也。愼罰，務去之之謂也。若興諸侯以取大罰，非愼之也。君其圖之。」王乃止。子反欲取之，巫臣曰：「是不祥人也。是夭子蠻，子蠻，鄭靈公，夏姬之兄。殺死無後。○殺，申志反。下殺靈侯同。殺御叔，御叔，夏姬之夫，亦早死。弑靈侯，陳靈公也。戮夏南，夏姬子徵舒。出孔儀，孔寧、儀行父。喪陳國，楚滅陳。○喪，息浪反。何不祥如是？人生實難，其有不獲死乎？言死易得，無爲取夏姬以速之。天下多美婦人，何必是？」子反乃止。王以予連尹襄老。襄老死於邲。不獲其尸邲戰在宣十二年其子黑要烝焉黑要，襄老子。○要一遙反巫臣使道焉曰歸吾聘女道夏姬使歸鄭○女音汝又使自鄭召之曰尸可得也襄老尸必來逆之。姬以告王。王問諸屈巫。屈巫，巫臣。○屈居勿反對曰。其信。知罃之父成公之嬖也。而中行伯之季弟也。知罃父，荀首也。中行伯，荀林父也。邲之戰，楚人囚知罃。○知音智罃於耕反新佐中軍。而善鄭皇戌。甚愛此子愛知罃也其必因鄭而歸王子。與襄老之尸。以求之王子。楚公子穀臣也。邲之戰。荀首囚之。鄭人懼於邲之役。而欲求媚於晉。其必許之。王遣夏姬歸。將行。謂送者曰。不得尸。吾不反矣。巫臣聘諸鄭。鄭伯許之。聘夏姬。及共王即位。將為陽橋之役。楚伐魯至陽橋。在此年冬。○共音恭。使屈巫聘于齊。且告師期。巫臣盡室以行。室家盡去。申叔跪從其父將適郢。遇之。叔跪。申叔時之子。○從才用反。郢以井反。曰。異哉。夫子有三軍之懼。而又有桑中之喜。宜將竊妻以逃者也。桑中。衛風淫奔之詩。

及鄭。使介反幣。而以夏姬行。介。副也。幣。聘物。將奔齊。齊師新敗。曰吾不處不勝之國。遂奔晉。而因郤至。至。郤克族子。以臣於晉。晉人使爲邢大夫。邢。晉邑。子反請以重幣錮之。禁錮勿令仕。錮音固。王曰止。其自爲謀也則過矣。其爲吾先君謀也則忠。忠社稷之固也。所蓋多矣。蓋。覆也。○自爲于僞反。又如字。爲吾于僞反。且彼若能利國家。雖重幣。晉將可乎。言不許。若無益於晉。晉將弃之。何勞錮焉。爲七年楚滅巫臣族。晉南通吳張本晉師歸。范文子後入。武子曰。無爲吾望爾也乎。武子。士會。文子之父對曰。師有功。國人喜以逆之。先入。必屬耳目焉。是代帥受名也。故不敢。武子曰。吾知免矣。知其不益已禍。○屬章欲反郤伯見。公曰。子之力也夫。對曰。君之訓也。二三子之力也。臣何力之有焉。郤伯。郤克。○見賢遍反范叔見。勞之如郤伯。對曰。庚所命也。克之制也。燮何力之有焉。荀庚將上軍。時不出。范文子上軍佐代行。故稱帥以讓。○勞力報反欒伯見。公亦如之。對曰。燮之詔也。士用命也。書何力之有焉詔。告也。欒書下軍帥。故推功上軍。傳言晉將帥克讓。所以能勝齊宣公使求好于楚。莊王卒。宣公薨。不克作好在宣十八年公即位。受盟于晉。元年盟赤棘會晉伐齊。衛人不行使于楚。不聘楚而亦受盟于晉。從於伐齊。故楚令尹子重爲陽橋之役以救齊。將起師。子重曰。君弱。傳曰。寡人生十年而喪先君。共王即位至是三年。蓋年十二三矣羣臣不如先大夫。師衆而後可。

詩曰。濟濟多士。文王以寧。詩大雅。言文王以衆士安。夫文王猶用衆。況吾儕乎。儕等。且先君莊王屬之曰。無德以及遠方。莫如惠恤其民而善用之。乃大戶。閱民戶口。已責。弃逋責。逋補吳反。逮鰥。施及老鰥。施始豉反。救乏。赦罪。悉師。王卒盡行。彭名御戎。蔡景公爲左。許靈公爲右。王卒盡行。故王戎車亦行。雖無楚王。令二君當左右之位。二君弱。皆强冠之。冬。楚師侵衞。遂侵我師于蜀。公賂之而退。故不書侵。○强其丈反。冠古亂反。使臧孫往。臧孫宣叔也辭曰楚遠而久固將退矣無功而受名臣不敢不敢虛受退楚名楚侵及陽橋陽橋魯地孟孫請往賂之楚侵遂深故孟孫請以賂往孟孫獻子也以執斲執鍼織紝執斲匠人執鍼女工織紝織繒布者○斲竹角反鍼之林反紝女金反又而鴆反皆百人公衡爲質公衡成公子○質音致以請盟楚人許平十一月公及楚公子嬰齊蔡侯許男秦右大夫說宋華元陳公孫寧衛孫良夫鄭公子去疾及齊國之大夫盟于蜀齊大夫不書其名非卿也○說

音悅去起呂反卿不書匱盟也於是乎畏晉而竊與楚盟故曰匱盟匱乏也蔡侯許男不書乘楚車也謂之失位乘楚王車爲左右則失位也卿不書則稱人諸侯不書皆不見經君臣之別君子曰位其不可不慎也乎蔡許之君一失其位不得列於諸侯況其下乎詩曰不解于位民之攸塈詩大雅言在上者勤正其位則國安而民息也攸所也塈息也○解佳賣反塈許器反其是之謂矣楚師及宋公衡逃歸臧宣叔曰衡父不忍數年之不宴

宴。樂也。以弃魯國。國將若之何。誰居後之數所主反人必有任是夫國弃矣居。辭也。言後人必有當此患。○居音基任音王夫音扶是行也。晉辟楚。畏其衆也。君子曰。衆之不可以已也。大夫爲政。猶以衆克。況明君而善用其衆乎。大誓所謂商兆民離。周十人同者衆也。大誓。周書。萬億曰兆。民離則弱。合則成衆。言殷以散亡。周以衆興晉侯使鞏朔獻齊捷于周。王弗見。使單襄公辭焉。曰。蠻夷戎狄。不式王命。式。用淫湎毀常。

王命伐之。則有獻捷。王親受而勞之。所以懲不敬。勸有功也。兄弟甥舅。侵敗王略。兄弟。同姓國。甥舅。異姓國。略。經略法度。○湎面善反勞力報反敗必邁反王命伐之。告事而已。不獻其功。所以敬親暱。告伐事而不獻囚俘禁淫慝也。淫慝。謂虣掠百姓。取囚俘也。○慝他得反虣薄報反掠音亮今叔父克遂有功于齊。克。能也而不使命卿鎮撫王室。所使來撫余一人。而鞏伯實來。未有職司於王室。鞏朔。上軍大夫。非命卿。名位不達於王室又奸先王之禮。謂獻齊捷余雖欲於鞏伯欲受其獻其敢廢舊典以忝叔父。夫齊甥舅之國也。而大師之後也齊世與周昏故曰甥舅寧不亦淫從其欲。以怒叔父。抑豈不可諫誨。士莊伯不能對莊伯。鞏朔。○從，子用反王使委於三吏。委，屬也。三吏，三公也。三公者，天子之吏也禮之如侯伯克敵。使大夫告慶之禮。降於卿禮一等。王以鞏伯宴。而私賄之。使相告之曰。非禮也。勿籍相，相禮者。籍，書也。王畏晉，故私宴賄以慰鞏朔。○相，息亮反經三年。春王正月。公會晉侯宋公衛侯曹伯伐鄭宋衛未葬。而稱爵。以接鄰國。非禮也辛亥葬衛穆公無傳二月。公至自伐鄭無傳甲子。新宮災。三日哭無傳三年喪畢。宣公神主新入廟。故謂之新宮。書三日哭。善得禮。宗廟親之神靈所馮居。而遇災。故哀而哭之乙亥葬宋文公無傳。七月而葬。緩夏公如晉鄭公子去疾帥師伐許。公至自晉無傳秋叔孫僑如帥師圍棘棘汶陽田之邑。在濟北蛇丘縣。○蛇以支反。一如字大雩無傳。以過時書晉郤克衛孫良夫伐廧咎如赤狄別種。○廧在良反咎古刀反種章勇反冬十有一月晉侯使荀庚來聘。衛侯使孫良夫來聘。丙午，及荀庚盟。丁未，及孫良夫盟。先晉後衛，尊霸主。鄭伐許。無傳。不書將帥，告辭略。

傳三年春，諸侯伐鄭，次于伯牛，討邲之役也。伯牛，鄭地。邲役在宣十二年。遂東侵鄭。晉潛軍深入。鄭公子偃帥師禦之，偃，穆公子。使東鄙覆諸鄤，覆，伏兵也。覆，扶又反。鄤，亡表反，又武旦反。敗諸丘輿。鄤、丘輿皆鄭地。晉偏軍為鄭所敗，故不書。皇戌如楚獻捷。夏，公如晉，拜汶陽之田。前年晉使齊歸魯汶陽田故許恃楚而不事鄭。鄭子良伐許。晉人歸楚公子穀臣與連尹襄老之尸于楚。以求知罃。邲之戰。楚獲知罃於是荀首佐中軍矣。荀首。知罃父故楚人許之。王送知罃曰。子其怨我乎。對曰。二國治戎。臣不才。不勝其任。以爲俘馘。執事不以釁鼓。以血塗鼓爲釁鼓。○勝音升使歸即戮。君之惠也。臣實不才。又誰敢怨。王曰。然則德我乎。對曰。二國圖其社稷。而求紓其民。紓。緩也各懲其忿以相宥也（宥，赦也）兩釋纍囚以成其好（纍，繫也）二國有好臣不與及其誰敢德（言二國本不爲己）王曰子歸何以報我對曰臣不任受怨君亦不任受德無怨無德不知所報王曰雖然必告不穀對曰以君之靈纍臣得歸骨於晉寡君之以爲戮死且不朽（戮其不勝任。任，音壬，下同）若從君之惠而免之以賜君之外臣首（稱於異國君曰外臣首）首其請於寡君而以戮於宗亦死且不朽若不

乾隆四十八年

獲命（君不許戮）而使嗣宗職（嗣其祖宗之位職）次及於事。而帥偏師以脩封疆雖遇執事（遇楚將帥）其弗敢違（違辟也）其竭力致死無有二心以盡臣禮所以報也。王曰晉未可與爭。重爲之禮而歸之。

秋。叔孫僑如圍棘。取汶陽之田。棘不服。故圍之（僑如叔孫得臣子）

晉郤克衛孫良夫伐廧咎如。討赤狄之餘焉（宣十五年晉滅赤狄潞氏其餘民散入廧咎如故討之）廧咎如潰。上失民也（此傳釋經之文而經無廧咎如潰蓋經闕此四字）

冬。十一月。晉侯使荀庚來聘。且尋盟。尋元年赤棘盟。

荀庚。林父之子。衛侯使孫良夫來聘。且尋盟。尋宣七年盟

公問諸臧宣叔曰。中行伯之於晉也。其位在三。下卿孫子之於衛也。位爲上卿。將誰先。對曰。次國之上卿。當大國之中。中當其下。下當其上大夫。降一等小國之上卿。當大國之下卿。中當其上大夫。下當其下大夫。降大國二等上下如是。古之制也。古制。公爲大國。侯伯爲次國。子男爲小國。衛在晉。不

得爲次國。春秋時以強弱爲大小。故衞雖侯爵。猶爲小國。晉爲盟主。其將先之。計等。則二人位敵。以盟主。故先晉。丙午。盟晉。丁未。盟衞。禮也。十二月。甲戌。晉作六軍。爲六軍。僭王也。萬二千五百人爲軍。韓厥。趙括。鞏朔。韓穿。荀騅。趙旃。皆爲卿。賞鞌之功也。韓厥爲新中軍。趙括佐之。鞏朔爲新上軍。韓穿佐之。荀騅爲新下軍。趙旃佐之。晉舊自有三軍。今增此。故爲六軍。○騅音隹。齊侯朝于晉。將授玉。行朝禮。郤克趨進曰。此行也。君爲婦人之笑辱也。寡君未之敢任。言齊侯之來。以謝婦人之笑。非爲脩好。故云晉君不任當此惠。○任音王晉侯享齊侯。齊侯視韓厥。韓厥曰。君知厥也乎。齊侯曰。服改矣。戎朝異服也。言服改。明識其人韓厥登舉爵曰。臣之不敢愛死。爲兩君之在此堂也。荀罃之在楚也。鄭賈人有將寘諸褚中以出。既謀之。未行。而楚人歸之。賈人如晉。荀罃善視之。如實出己。賈人曰。吾無其功。敢有其實乎。吾小人。不可以厚誣君子。遂適齊。傳言知罃之賢。○賈音古。褚中呂反

經四年春宋公使華元來聘三月壬申鄭伯堅卒無傳二年大夫盟于蜀壬申二月二十八日杞伯來朝夏四月甲寅臧孫許卒無傳公如晉葬鄭襄公無傳秋公至自晉冬城鄆無傳公欲叛晉故城而爲備○鄆音運鄭伯伐許

傳四年春宋華元來聘通嗣君也宋共公即位杞伯來朝歸叔姬故也將出叔姬先脩禮朝魯言其故夏公如晉晉侯見公不敬季文子曰晉侯必不免言將

不能壽終也。後十年。陷廁而死詩曰。敬之敬之。天惟顯思。命不易哉。詩頌。言天道顯明。受其命甚難。不可不敬以奉之。○易以豉反夫晉侯之命在諸侯矣。可不敬乎。敬諸侯則得天命秋公至自晉。欲求成于楚而叛晉。季文子曰。不可。晉雖無道。未可叛也。國大臣睦。而邇於我。邇近也諸侯聽焉。未可以貳。聽服也史佚之志有之周文王大史曰。非我族類。其心必異。楚雖大。非吾族也。與魯異姓其肯字我乎。公乃止。字愛也冬十一月。鄭公孫申帥師疆許田。前年鄭伐許。侵其田。今正其界。許人敗諸展陂。鄭伯伐許。取鉏任泠敦之田。展陂亦許地。○任音王。泠力丁反。晉欒書將中軍。代郤克。荀首佐之。士燮佐上軍。以救許。伐鄭。取氾祭。氾祭。鄭地。成皐縣東有氾水。○氾音凡。或音祀。祭側介反。楚子反救鄭。鄭伯與許男訟焉。於子反前爭曲直。皇戌攝鄭伯之辭。代之對。子反不能決也。曰。君若辱在寡君。寡君與其二三臣共聽兩君之所欲。成其可知也。欲使自屈於楚。

子前決之不然。側不足以知二國之成側。子反名。爲明年許愬鄭於楚張本

晉趙嬰通于趙莊姬趙嬰。趙盾弟。莊姬。趙朔妻。朔。盾之子

經。五年。春。王正月。杞叔姬來歸出也。傳在前年仲孫蔑如宋。夏。叔孫僑如會晉荀首于穀穀。齊地梁山崩記異也。梁山在馮翊夏陽縣北秋。大水無傳冬。十有一月。己酉。天王崩。十有二月。己丑。公會晉侯。齊侯。宋公。衞侯。鄭伯。曹伯。邾子。杞伯同盟于蟲牢

蟲牢。鄭地。陳留封丘縣北有桐牢

傳五年春，原屏放諸齊。放趙嬰也。原同。屏季。嬰之兄。○屏，步丁反

嬰曰：我在，故欒氏不作。我亡，吾二昆其憂哉。

且人各有能有不能。言已雖淫，而能令莊姬護趙氏舍我何

害。弗聽。嬰夢天使謂己：祭余，余福女。使問諸

士貞伯。貞伯曰：不識也。既而告其人，自告貞伯從人

○舍音捨。又音赦。聽，吐丁反。女音汝。從，才用反 曰：神福仁而禍淫。淫

而無罰，福也。祭其得亡乎。以得放遣為福祭之之明

日而亡 爲八年晉殺趙同趙括傳 孟獻子如宋報華元也 前年宋華元來聘 夏晉荀首如齊逆女故宣伯餫諸穀 野饋曰餫運糧饋之敬大國也○餫音鄆 梁山崩晉侯以傳召伯宗 傳驛○傳中戀反 伯宗辟重曰辟傳 重載之車○辟匹亦反又甫亦反曰辟音避 重人曰待我不如捷之速也 捷邪出 問其所曰絳人也問絳事焉曰梁山崩將召伯宗謀之問將若之何曰山有朽壤而崩可若何國主山川 主謂所主祭 故山崩川竭君爲

之不舉去盛饌○爲于僞反饌仕戀反降服損盛服乘縵車無文○縵武旦反徹樂息八音出次舍於郊祝幣陳玉帛史辭自罪責以禮焉禮山川其如此而已。雖伯宗若之何。伯宗請見之。見之於晉君○見賢遍反不可不肯見遂以告而從之。從重人言許靈公愬鄭伯于楚。前此年鄭伐許故六月。鄭悼公如楚。訟。不勝。楚人執皇戌及子國。以鄭伯不直故也。子國。鄭穆公子故鄭伯歸。使公子偃請成于晉。秋。八月。鄭伯及晉趙同盟于垂棘。垂棘。

晉地宋公子圍龜爲質于楚而歸。圍龜。文公子質音致華元享之。請鼓譟以出。鼓譟以復入出入輒擊鼓。復扶又反曰習攻華氏。宋公殺之蓋宣十五年宋楚平後華元使圍龜代己爲質。故怨而欲攻華氏冬。同盟于蟲牢。鄭服也。諸侯謀復會。宋公使向爲人辭以子靈之難子靈。圍龜也。宋公不欲會。以新誅子靈爲辭。爲明年侵宋傳。○向舒亮反十一月己酉。定王崩經在蟲牢上。傳在下。月倒錯。衆家傳悉無此八字。或衍文

經。六年。春。王正月。公至自會無傳二月。辛巳。立

武宮魯人自鞌之功。至今無患。故築武軍。又作先君武公宮。以告成事。欲以示後世取鄟附庸國也。○鄟音專。又市轉反衛孫良夫帥師侵宋夏六月。邾子來朝。無傳公孫嬰齊如晉。嬰齊。叔肸子壬申。鄭伯費卒。前年同盟蟲牢。○費音祕秋。仲孫蔑叔孫僑如帥師侵宋。楚公子嬰齊帥師伐鄭。冬。季孫行父如晉。晉欒書帥師救鄭

傳六年。春。鄭伯如晉拜成。謝前年再盟子游相子游。公子偃授玉于東楹之東。禮。授玉兩楹之間。鄭伯行疾。故東過士

貞伯曰。鄭伯其死乎。自弃也已。視流而行速。不安其位。宜不能久。視流不端諦二月。季文子以鞌之功立武宮。非禮也。宣十二年。潘黨勸楚子立武軍。楚子荅以武有七德。非已所堪。其爲先君宮告成事而已。今魯倚晉之功。又非霸主。而立武宮。故譏之聽於人以救其難。不可以立武。立武由己。非由人也言請人救難。勝非已功。○難乃旦反取鄟。言易也。三月。晉伯宗夏陽說衛孫良夫甯相鄭人伊雒之戎陸渾蠻氏侵宋夏陽說。晉大夫。蠻氏。戎別種也。河南新城縣東南有鑾城。經惟書衛孫良夫獨衛告也。○說音悅渾戶門反以其辭會也辭會在前年師于鍼。衛人不保不守備。○鍼其廉反。一音針說欲襲衛曰。雖不可入多俘而歸有罪不及死。伯宗曰。不可。衛唯信晉故師在其郊而不設備若襲之是棄信也。雖多衛俘而晉無信何以求諸侯。乃止。師還衛人登陴聞說謀故○陴音反晉人謀去故絳晉復命新田爲絳。故謂此故絳諸大夫皆曰必居郇瑕氏之地郇瑕古國名。河東解縣西北有郇城○郇音荀解音蟹沃饒而近鹽。盬，鹽也。猗氏縣鹽池是。◎盬音古，猗於宜反。國利君樂。不可失也。韓獻子將新中軍，且爲僕大夫。兼大僕。◎樂音洛。公揖而入。獻子從公立於寢庭。路寢之庭。謂獻子曰。何如。問諸大夫，言是非。對曰。不可。郇瑕氏土薄水淺。土薄地下。其惡易覯。惡，疾疢。覯，成也。◎易以豉反，覯古豆反，疢勑覲反。易覯則民愁。民愁則墊隘。墊隘，羸困也。◎墊丁念反，隘於賣反，羸劣僞反。於是乎有沈溺重膇之疾。沈溺，濕疾。重膇，足腫。◎膇治僞反。不如新田。今平陽絳邑縣是。土厚水

乾隆四十八年　癸卯十二　二十九

深居之不疾高燥故有汾澮以流其惡汾水出太原經絳北西南入河澮水出平陽絳縣南西入汾惡垢穢○汾扶云反澮古外反且民從教無災患十世之利也夫山澤林鹽國之寶也國饒則民驕佚財易致則民驕侈近寶公室乃貧不可謂樂近寶則民不務本公說從之夏四月丁丑晉遷于新田爲季孫如晉傳六月鄭悼公卒終士貞伯之言子叔聲伯如晉命伐宋晉人命聲伯秋孟獻子叔孫宣伯侵宋晉命也楚子重伐鄭鄭從晉故

也前年與晉盟冬季文子如晉賀遷也晉欒書救
鄭與楚師遇於繞角繞角鄭地楚師還晉師遂侵
蔡楚公子申公子成以申息之師救蔡申息楚二
縣禦諸桑隧汝南朗陵縣東有桑里在上蔡西南趙同趙括欲
戰請於武子武子將許之武子欒書知莊子荀首中軍
佐范文子士燮上軍佐韓獻子韓厥新中軍將諫曰不可
吾來救鄭楚師去我吾遂至於此此蔡地是遷
戮也戮而不已又怒楚師戰必不克遷戮不義怒敵

（難當。故不克）雖克不令。成師以出。而敗楚之二縣。何榮之有焉（六軍悉出。故曰成師。以大勝小。不足爲榮）若不能敗。爲辱已甚。不如還也。乃遂還。於是軍帥之欲戰者衆。或謂欒武子曰。聖人與衆同欲。是以濟事。子盍從衆。（盍。何不也。帥。所類反）子爲大政。（中軍元帥）將酌於民者也。（酌取民心以爲政）子之佐十一人。（六軍之卿佐）其不欲戰者。三人而已。（知范韓也）欲戰者可謂衆矣。商書曰。三人占從二人。衆故也。（商書洪範）

武子曰。善鈞從衆。鈞等也夫善衆之主也。三卿爲主可謂衆矣。三卿皆晉之賢人從之不亦可乎。傳善欒書得從衆之義。且爲八年晉侵蔡傳

經七年。春。王正月。鼷鼠食郊牛角。改卜牛。鼷鼠又食其角。乃免牛。無傳。稱牛。未卜日。免放也。免牛可也。不郊。非禮也。鼷音兮　吳伐郯。郯音談　夏。五月。曹伯來朝。不郊。猶三望。無傳。書不郊。間有事。三望。非禮　秋。楚公子嬰齊帥師伐鄭。公會晉侯。齊侯。宋公。衛侯。曹伯。莒子。邾

子杞伯救鄭。八月戊辰。同盟于馬陵。馬陵。衛地。陽平元城縣東南有地名馬陵。公至自會無傳吳入州來州來。楚邑。淮南下蔡縣是也冬。大雩無傳。書過衛孫林父出奔晉

傳。七年。春。吳伐郯。郯成。季文子曰。中國不振旅。蠻夷入伐。而莫之或恤振。整也。旅。衆也。無弔者也夫言中國不能相愍恤。故夷狄内侵詩曰。不弔昊天。亂靡有定。其此之謂乎詩小雅。刺在上者不能弔愍下民。故號天告亂。○昊。戶老反。號。戶刀反有上不弔。其誰不受亂上。謂霸主吾亡無

曰矣。君子曰。知懼如是。斯不亡矣。鄭子良相成公以如晉見且拜師謝前年晉救鄭之師。爲楚伐鄭張本。○相息亮反見賢遍反夏曹宣公來朝秋楚子重伐鄭師于汜汜。鄭地。在襄城縣南。○汜音凡諸侯救鄭鄭共仲侯羽軍楚師二子。鄭大夫囚鄖公鍾儀獻諸晉八月同盟于馬陵尋蟲牢之盟且莒服故也蟲牢盟在五年。莒本屬齊。齊服。故莒從之晉人以鍾儀歸囚諸軍府軍藏府也。爲九年晉侯見鍾儀張本。○藏才浪反楚圍宋之役在宣十四年師還子重請取於申呂以爲賞田王許之（分申呂之田以自賞）申公巫臣曰不可此申呂所以邑也是以爲賦以御北方若取之是無申呂也（言申呂賴此田成邑耳不得此田則無以出兵賦而二邑壞也○御魚呂反）晉鄭必至于漢王乃止子重是以怨巫臣子反欲取夏姬巫臣止之遂取以行子反亦怨之及共王即位（楚共王以魯成公元年即位）子重子反殺巫臣之族子閻子蕩及清尹弗忌（皆巫臣之族）及襄老之子

黑要以夏姬故。并怨黑要而分其室。子重取子閻之室。
使沈尹與王子罷分子蕩之室。子反取黑要
與清尹之室。巫臣自晉遺二子書。子重子反罷音皮
曰。爾以讒慝貪惏事君。而多殺不辜。余必使
爾罷於奔命以死。巫臣請使於吳。晉侯許之。
吳子壽夢說之。乃通吳于晉。壽夢。季札父。惏力含反夢莫
公反以兩之一卒適吳。舍偏兩之一焉。司馬法。百人為
卒。二十五人為兩。車九乘為小偏。十五乘為大偏。蓋留九乘車。及一兩二十五人。令吳習

之。舍音赦。舊音捨。乘繩證反與其射御。教吳乘車。教之戰陳。教之叛楚。前是吳常屬楚戰陳直覲反寘其子狐庸焉。使爲行人於吳。吳始伐楚。伐巢。伐徐。巢徐楚屬國子重奔命。救徐巢馬陵之會。吳入州來。子重自鄭奔命。因伐鄭而行子重子反。於是乎一歲七奔命。蠻夷屬於楚者。吳盡取之。是以始大。通吳於上國。上國。諸夏衛定公惡孫林父。冬。孫林父出奔晉。林父。孫良夫之子衛侯如晉。晉反戚焉。戚。林父邑。林父

出奔。戚隨屬晉

經八年。春。晉侯使韓穿來言汶陽之田。歸之于齊。齊服事晉。故晉來語魯。使還二年所取田。○語魚據反晉欒書帥師侵蔡。公孫嬰齊如莒。宋公使華元來聘。夏。宋公使公孫壽來納幣。昏聘不使卿。今華元將命。故特書之。宋公無主昏者。自命之。故稱使也。公孫壽。蕩意諸之父晉殺其大夫趙同趙括。傳曰。原屏。咎之徒也。明本不以德義自居。宜其見討。故從告辭而稱名秋。七月。天子使召伯來賜公命。諸侯即位。天子賜以命圭。與之合瑞。八年乃來。緩也。天子。天王。王者之通稱。○稱，尺證反。冬十月癸卯，杞叔姬卒。前五年來歸者。女既適人。雖見出弃。猶以成人禮書之。終爲杞伯所葬。故稱杞叔姬。晉侯使士燮來聘。叔孫僑如會晉士燮、齊人、邾人伐郯。先謀而稱會。盟主之命。不同之於列國。衛人來媵。古者諸侯取適夫人。及左右媵。各有姪娣。皆同姓之國。國三人。凡九女。所以廣繼嗣也。魯將嫁伯姬於宋。故衛來媵之。○媵，以證反。適，丁歷反。姪，大結反。又丈一反。

傳。八年。春。晉侯使韓穿來言汶陽之田。歸之于齊。季文子餞之。餞。送行飲酒。○餞，錢淺反。祖而舍軷。飲酒於其側曰

餞

私焉私與之言曰大國制義以爲盟主是以諸侯懷德畏討無有貳心謂汶陽之田敝邑之舊也而用師於齊使歸諸敝邑用師謂鞌之戰今有二命曰歸諸齊信以行義義以成命小國所望而懷也信不可知義無所立四方諸侯其誰不解體言不復肅敬於晉詩曰女也不爽士貳其行士也罔極二三其德爽差也極中也詩衛風婦人怨丈夫不一其行喻魯事晉猶女之事夫不敢過差而晉有罔極之心反二三其德○差初賣反又初

佳反七年之中。一與一奪。二三孰甚焉。士之二三。猶喪妃耦。而況霸主。霸主將德是以以。用也而二三之。其何以長有諸侯乎。詩曰。猶之未遠。是用大簡。猶。圖也。簡。諫也。詩大雅。言王者圖事不遠。故用大道諫之行父懼晉之不遠猶。而失諸侯也。是以敢私言之。晉欒書侵蔡。六年未得志故遂侵楚。獲申驪。申驪楚大夫。○驪力馳反楚師之還也。謂六年遇於繞角時晉侵沈。獲沈子揖。初從知范韓也。繞角之役。欒書從知莊子范文子韓獻子之言。

不與楚戰。自是常從其謀。師出有功。故傳善之。沈國。今汝南平輿縣。〇揖音集。又於立反。

君子曰。從善如流。宜哉。宜有功也。如流。喻速。詩曰。愷悌君子。遐不作人。遐。遠也。作。用也。詩大雅。言文王能遠用善人。不。語助。求善也夫。作人斯有功績矣。是行也。鄭伯將會晉師。會伐蔡之師。〇去音扶。門于許東門。大獲焉。過許。見其無備。因攻之。〇過古禾反。聲伯如莒。逆也。自爲逆婦。而書者。因聘而逆。〇爲于僞反。宋華元來聘。聘共姬也。穆姜之女。成公姊妹。爲宋共公夫人。聘不應使卿。故傳發其事而已。夏。宋公使公孫壽來納幣禮也納幣應使卿晉趙莊姬爲趙嬰之亡故譖之于晉侯趙嬰亡在五年曰原屏將爲亂欒郤爲徵欒氏郤氏亦徵其爲亂六月晉討趙同趙括武從姬氏畜于公宮趙武莊姬之子莊姬晉成公女畜養也以其田與祁奚韓厥言於晉侯曰成季之勳宣孟之忠成季趙衰宣孟趙盾○祁巨之反衰初危反盾徒本反而無後爲善者其懼矣三代之令王皆數百年保天之祿夫豈無辟王賴前哲以免也言三代亦有邪辟之君但賴其先人以免禍耳

○數所主反辟匹亦反周書曰。不敢侮鰥寡。所以明德也周書。康誥。言文王不侮鰥寡而德益明。欲使晉侯之法文王乃立武而反其田焉。秋。召桓公來賜公命。召桓公。周卿士晉侯使申公巫臣如吴假道于莒。與渠丘公立於池上。渠丘公。莒子朱也。池。城池也。渠丘。邑名。莒縣有蘧里。○蘧其居反曰。城已惡。莒子曰。辟陋在夷。其孰以我為虞。虞。度也。○度待洛反對曰。夫狡焉狡猾之人。○狡交卯反猾于八反思啓封疆。以利社稷者。何國蔑有。唯然。故多大國矣。

唯或思或縱也世有思開封疆者。有縱其暴掠者。莒人當唯此爲命。○掠音亮勇夫重閉況國乎爲明年莒潰傳○重直龍反。又直勇反冬杞叔姬卒來歸自杞故書愍其見出來歸。故書卒也。若更適大夫。則不復書卒晉士燮來聘言伐郯也以其事吳故七年郯與吳成公賂之請緩師文子不可文子士燮曰君命無貳失信不立禮無加貨事無二成公私不兩成君後諸侯是寡君不得事君也欲與魯絕燮將復之季孫懼使宣伯帥師會伐郯衛人來媵

共姬。禮也。凡諸侯嫁女。同姓媵之。異姓則否必以同姓者。參骨肉至親。所以息陰訟

經。九年。春。王正月。杞伯來逆叔姬之喪以歸。公會晉侯齊侯宋公衛侯鄭伯曹伯莒子杞伯同盟于蒲蒲衛地。在長垣縣西南公至自會無傳二月。伯姬歸于宋宋不使卿逆。非禮夏季孫行父如宋致女女嫁三月。又使大夫隨加聘問。謂之致女。所以致成婦禮。篤昏姻之好晉人來媵媵伯姬也秋七月丙子。齊侯無野卒無傳。五同盟。丙

子。六月一日。書七月。從赴。晉人執鄭伯。鄭伯既受盟於蒲。又受楚賂。會於鄧。故晉執之。稱人者。晉以無道於民告諸侯。例在十五年。晉欒書帥師伐鄭。冬。十有一月。葬齊頃公。無傳。楚公子嬰齊帥師伐莒。庚申。莒潰。民逃其上曰潰。楚人入鄆。鄆。莒別邑也。楚偏師入鄆。故稱人。秦人白狄伐晉。鄭人圍許。城中城。魯邑也。在東海廩丘縣西南。此閏月城。在十一月之後。十二月之前。故傳曰書時。

傳。九年。春。杞桓公來逆叔姬之喪。請之也。叔姬已絕於杞。魯復強請杞。使還取葬。○強其丈反。杞叔姬卒。爲杞故也。

還爲杞婦。故卒稱杞。〇(爲)于僞反。下文及爲魯爲歸同逆叔姬。爲我也既弃而復逆其喪。明爲魯故。〇逆叔姬絶句。爲我也。本或無爲字爲歸汶陽之田故。諸侯貳於晉歸田在前年晉人懼。會於蒲。以尋馬陵之盟馬陵在七年季文子謂范文子曰。德則不競。尋盟何爲競。强也范文子曰。勤以撫之。寬以待之。堅彊以御之。明神以要之。柔服而伐貳。德之次也。是行也。將始會吳。吳人不至爲十五年會鍾離傳〇(御)魚呂反(要)一遥反二月。伯姬歸于宋爲致女復命起楚人以重賂求鄭鄭伯會楚公子成于鄧爲晉人執鄭伯傳夏季文子如宋致女復命公享之賦韓奕之五章韓奕詩大雅篇名其五章言蹶父嫁女於韓侯爲女相所居莫如韓樂文子喻魯侯有蹶父之德宋公如韓侯宋土如韓樂○蹶九衞反爲于僞反樂音洛穆姜出于房再拜曰大夫勤辱不忘先君以及嗣君施及未亡人穆姜伯姬母聞文子言宋樂喜而出謝其行勞婦人夫死自稱未亡人○施以豉反先君猶有望也言先君亦望文子之若此敢拜大夫之重勤又賦緑衣之

卒章而入緑衣。詩邶風也。取其我思古人。實獲我心。喻文子言得己意。○重直勇反。又直用反。邶音佩晉人來媵。禮也同姓故秋。鄭伯如晉。晉人討其貳於楚也。執諸銅鞮銅鞮。晉別縣。在上黨○鞮丁兮反欒書伐鄭。鄭人使伯蠲行成。晉人殺之。非禮也。兵交。使在其間可也。明殺行人例○蠲古懸反又音圭楚子重侵陳以救鄭陳與晉故晉侯觀于軍府。見鍾儀。問之曰。南冠而縶者誰也南冠。楚冠。縶。拘執。○縶陟立反有司對曰。鄭人所獻楚囚也。使稅之

鄭獻鍾儀在七年。稅，解也。○稅，吐活反，又始銳反。召而弔之，再拜稽
首。問其族，對曰：泠人也。泠人，樂官。○泠，力丁反。公曰：能
樂乎？對曰：先父之職官也，敢有二事？言不敢學他事。
使與之琴，操南音。南音，楚聲。○操，七刀反。公曰：君王何
如？對曰：非小人之所得知也。固問之，對曰：其
爲大子也，師保奉之，以朝于嬰齊而夕于側
也。嬰齊，令尹子重。側，司馬子反。言其尊卿敬老。不知其他。公語范
文子，文子曰：楚囚，君子也。言稱先職，不背本

也。樂操土風。不忘舊也。稱大子。抑無私也。舍其近事。而遠稱少小。以示性所自然。明至誠。○語。魚據反名其二卿。尊君也。尊晉君也不背本。仁也。不忘舊。信也。無私。忠也。尊君。敏也。敏。達也仁以接事。信以守之。忠以成之。敏以行之。事雖大必濟。言有此四德。必能成大事君盍歸之。使合晉楚之成。公從之。重爲之禮。使歸求成。爲下十二月晉楚結成張本冬。十一月。楚子重自陳伐莒。圍渠丘。渠丘城惡。衆潰。奔莒。戊申。楚入渠丘（月六日）莒人囚楚公子平。楚人曰。勿殺。吾歸而俘。莒人殺之。楚師圍莒。莒城亦惡。庚申。莒潰（月十八日）楚遂入鄆。莒無備故也（終巫臣之言）君子曰。恃陋而不備。罪之大者也。備豫不虞。善之大者也。莒恃其陋而不脩城郭。浹辰之間而楚克其三都。無備也夫（浹辰。十二日也。浹子協反。又子荅反）詩曰。雖有絲麻。無弃菅蒯。雖有姬姜。無弃蕉萃。凡百君子。莫不代匱。言備之不可以已也逸詩也。姬姜。大國之女。蕉萃。陋賤之人。○菅古顏反蒯苦怪反蕉在遙反秦人白狄伐晉。諸侯貳故也。鄭人圍許。示晉不急君也此秋晉執鄭伯是則公孫申謀之。曰。我出師以圍許示不畏晉為將改立君者。而紓晉使。紓。緩也。勿亟遣使詰晉。示欲更立君。○為將竝如字亟紀力反。或欺冀反晉必歸君為明年晉侯歸鄭伯張本城中城。書時也。十二月。楚子使公子辰如晉。報鍾儀之使。請脩好結成鍾儀奉晉命歸。故楚報之

經十年春衛侯之弟黑背帥師侵鄭○夏四月○五卜郊不從乃不郊無傳○卜常祀○不郊皆非禮○故書○五月公會晉侯齊侯宋公衛侯曹伯伐鄭晉侯○大子州蒲也○稱爵○見其生代父居位○失人子之禮○見賢遍反齊人來媵無傳○媵伯姬也○異姓來媵○非禮也丙午晉侯獳卒六同盟○據傳○丙午○六月七日○有日無月○獳乃侯反秋七月公如晉○冬○十月

傳十年春晉侯使糴茷如楚糴茷○晉大夫○糴徒弔反○一杜敖反○茷扶廢反○一蒲發反報大宰子商之使也子商○楚公子辰○使在

前年衛子叔黑背侵鄭晉命也晉命衛使侵鄭鄭公子繻班聞叔申之謀改立君之謀三月子如立公子繻子如。公子班。○繻音須夏四月鄭人殺繻立髡頑子如奔許髡頑。鄭成公大子。髡苦門反欒武子曰鄭人立君我執一人焉何益不如伐鄭而歸其君以求成焉晉侯有疾五月晉立大子州蒲以爲君而會諸侯伐鄭生立子爲君。此父不父子不子。經因書晉侯。其惡明。鄭子罕賂以襄鍾子罕。穆公子。襄鍾。鄭襄公之廟鍾子然盟于脩澤子駟爲質子然○子駟○皆穆公子○熒陽卷縣東有脩武亭○質音致卷音權又丘權反辛巳鄭伯歸鄭伯歸不書鄭不告入晉侯夢大厲被髮及地搏膺而踊曰殺余孫不義厲○鬼也○趙氏之先祖也○八年晉侯殺趙同趙括○故怒○被皮寄反余得請於帝矣壞大門及寢門而入○公懼入于室又壞戶○公覺召桑田巫桑田○晉邑○壞音怪覺古孝反巫言如夢巫云鬼怒如公所夢公曰何如○曰不食新矣言公不得及食新麥公疾病○求醫于秦○秦伯使醫緩爲之緩○醫名○爲猶治也未至○

公夢疾爲二豎子曰彼良醫也懼傷我焉逃之其一曰居肓之上膏之下若我何肓鬲也心下爲膏。焉於虔反。一讀如字屬上句。肓音荒。心下鬲上也醫至曰疾不可爲也在肓之上膏之下攻之不可達之不及藥不至焉不可爲也達針公曰良醫也厚爲之禮而歸之六月丙午晉侯欲麥周六月今四月麥始熟使甸人獻麥甸人主爲公田者。甸徒練反饋人爲之召桑田巫示而殺之將食張如廁陷而卒張腹滿也。饋

其媿反 中亮反 張 小臣有晨夢負公以登天。及日中。負晉侯出諸廁。遂以爲殉。傳言巫以明術見殺。小臣以言夢自禍。鄭伯討立君者。戊申。殺叔申。叔禽。叔禽。叔申弟

君子曰。忠爲令德。非其人猶不可。況不令乎。言叔申爲忠不得其人還害其身。秋。公如晉。晉人止公。使送葬。親弔非禮。於是糴茷未反。是春晉使糴茷至楚結成。晉謂魯貳於楚。故留公以須糴茷驗其虛實。冬。葬晉景公。公送葬。諸侯莫在。魯人辱之。故不書。諱之也。諱不書晉葬也

卷終

成十年

舉人臣胡鈺敬書

# 春秋卷十二考證

成公二年戰於鞌註非匹敵和成之類例在宣七年○七年　殿本閣本作十年案與謀曰及不與謀曰會例見宣七年公會齊侯伐萊傳非十年也

傳辭請曲縣註周禮天子樂宮縣四周○殿本閣本俱作四面案周禮小胥王宮縣鄭司農衆曰宮縣四面縣象宮室四面有牆據此應從面字爲優

無能爲役註不中爲之役使○案蕭參希通錄謂俚語以不可爲不中洪邁俗考亦云晉時已有此語引杜氏此註以明之不知此二字已見漢書陳平傳歸楚

不中又亡歸漢白居易納粟詩簸揚淨如珠一車三十斛猶憂納不中鞭責及童僕蓋即不中選之謂非必俚語也　殿本閣本作無能失其舊矣

士燮佐上軍○彙纂定本及監本閣本俱作將上軍案後文晉師歸傳庚所命也註荀庚將上軍時不出范文子上軍佐代行又明年荀庚來聘傳稱中行伯於晉其位在三是上軍將自係荀庚而士燮爲佐明甚註中范文子代荀庚猶代攝之義非若欒書之代趙朔直替其職也　殿本亦作佐

欲勇者賈余餘勇註賈買也○他本買作賣案物在已

曰賣在人曰買此言已有餘勇欲使人買之當從原本作買爲是

未絶鼓音註中軍將自執旗鼓○中軍將指郤克也殿本閣本無軍字則中將二字於義未安

遂自徐關入○案成十七年國佐以穀畔齊侯與之盟於徐關即此　殿本閣本徐作齊非

九月衛穆公卒晉三子自役弔焉○三子閣本作一子非林氏直解曰三子謂郤克士燮欒書也

宣公使求好於楚註在宣十八年○在宣他本作在位非此紀宣公使求好於楚係十八年事非紀宣在位

年數也

五年傳許靈公愬鄭伯於楚註前此年鄭伐許故○此年當作比年杜氏直解云比年即兩年之謂　殿本閣本並作兩年

六年傳楚子重伐鄭鄭從晉故也註前年楚晉盟○案前年蟲牢之盟不聞有楚當依　殿本改與晉盟

春秋經傳集解成公下第十三　盡十八年

經十有一年春王三月公至自晉正月公在晉。不書，諱。晉侯使郤犨來聘己丑及郤犨盟郤犨，郤克從父兄弟。犨，尺由反。夏季孫行父如晉秋叔孫僑如如齊僑，其驕反。冬十月

傳十一年春王三月公至自晉晉人以公爲貳於楚故止公公請受盟而後使歸前年七月公如

晉弔。至是乃得歸郤犨來聘且涖盟公請受盟。故使大夫來臨之聲伯之母不聘聲伯之母。叔肸之妻。不聘。無媒禮。○肸許乙反穆姜曰。吾不以妾爲姒昆弟之妻。相謂爲姒。穆姜。宣公夫人。宣公。叔肸。同母昆弟生聲伯而出之。嫁於齊管于奚。生二子而寡。以歸聲伯。聲伯以其外弟爲大夫外弟。管于奚之子。爲魯大夫而嫁其外妹於施孝叔孝叔。魯惠公五世孫郤犨來聘。求婦於聲伯。聲伯奪施氏婦以與之。婦人曰。鳥獸猶不失儷儷。耦也。○儷力計反子將若何。

曰。吾不能死亡（言不與郤犨婦。懼能忿致禍）婦人遂行。生二子於郤氏。郤氏亡。晉人歸之施氏。施氏逆諸河。沈其二子（沈之於河。○沈直蔭反。一如字）婦人怒曰。已不能庇其伉儷而亡之（伉。敵也。○已音以。又音紀。伉苦浪反）又不能字人之孤而殺之（字。愛也）將何以終。遂誓施氏（約誓不復爲之婦也。傳言郤犨淫縱。所以亡也）夏季文子如晉報聘。且涖盟也（郤犨文子交盟魯晉之君。其意一也。故但書來盟。舉重略輕）周公楚惡惠襄之偪也（惠王襄王之族○惡烏路反）且與伯與爭政。伯與周卿士。○與音餘不勝。怒而出。及陽樊。陽樊晉地。王使劉子復之。盟于鄄而入。三日。復出奔晉。王既復之而復出。所以自絕於周。爲明年周公出奔傳。鄄。周邑。○鄄音絹

秋。宣伯聘于齊。以脩前好。葺以前之好。晉郤至與周爭鄇田。鄇。溫別邑。今河內懷縣西南有鄇人亭。○鄇音侯。又音候王命劉康公單襄公訟諸晉。郤至曰。溫吾故也。故不敢失。言溫。郤氏舊邑。○單音善劉子單子曰。昔周克商。使諸侯撫封。各撫有其封內之地蘇忿生以溫爲司寇

與檀伯達封于河蘇忿生。周武王司寇蘇公也。與檀伯達俱封於河內蘇氏即狄。又不能於狄。而奔衛事在僖十年襄王勞文公。而賜之溫。在僖二十五年。○勞力報反狐氏陽氏先處之狐溱陽處父。先食溫地。○溱側巾反而後及子。若治其故。則王官之邑也。子安得之。晉侯使郤至勿敢爭傳言郤至貪。所以亡宋華元善於令尹子重。又善於欒武子。聞楚人既許晉糴茷成。而使歸復命矣在往年。○華戶化反冬。華元如楚。遂如晉。合晉楚之成爲明年盟宋西門外張本秦晉爲成將會于令狐晉侯先至焉秦伯不肯涉河次于王城使史顆盟晉侯于河東史顆秦大夫○顆苦果反晉郤犨盟秦伯于河西就盟王城范文子曰是盟也何益齊盟所以質信也齊一心質成也會所信之始也始之不從其可質乎秦伯歸而背晉成爲十三年伐秦傳○背音佩卷內皆同



經十有二年春周公出奔晉夏公會晉侯衛

侵于瑣澤（瑣澤。地闕）秋。晉人敗狄于交剛（交剛。地闕）冬。

十月

傳。十二年。春。王使以周公之難來告（周公奔在前年）書曰周公出奔晉。凡自周無出。周公自出故也（天子無外。故奔者不言出。周公爲王所復。而自絕於周。故書出以非之）宋華元克合晉楚之成（終前年事）夏。五月。晉士燮會楚公子罷許偃。（二子。楚大夫 罷音皮）癸亥。盟于宋西門之外。曰。凡晉楚無相加戎。好惡同之。同恤菑危備救凶患若有害楚則晉伐之在晉楚亦如之交贄往來道路無壅贄幣也○好惡並如字又皆去聲菑音災謀其不協而討不庭討背叛不來在王庭者有渝此盟明神殛之殛誅也俾隊其師無克胙國俾使也隊失也○隊直類反胙才故反鄭伯如晉聽成聽猶受也晉楚既成鄭往受命會于瑣澤成故也晉既與楚成合諸侯以申成好狄人間宋之盟以侵晉而不設備○間宋間廁之間秋晉人敗狄于交剛晉郤至如楚聘且涖盟楚子享

之子反相。爲地室而縣焉。縣。鍾鼓也。○相息亮反縣音懸郤至將登。登堂金奏作於下。擊鍾而奏樂驚而走出。子反曰。日云莫矣。寡君須矣。吾子其入也。賓曰。君不忘先君之好。施及下臣。貺之以大禮。重之以備樂。貺。賜也。○莫音暮施以豉反如天之福。兩君相見。何以代此。下臣不敢。言此兩君相見之禮子反曰。如天之福。兩君相見。無亦唯是一矢以相加遺。焉用樂。言兩君戰乃相見。無用此樂。○遺唯季反焉於虔反寡君須矣。

吾子其入也。賓曰傳。諸交讓得賓主辭者多曰賓主以明之若讓之以一矢。禍之大者。其何福之爲。世之治也。諸侯閒於天子之事。則相朝也。王事閒缺。則脩私好。○閒音閑於是乎有享宴之禮。享以訓共儉。享有體薦。設几而不倚。爵盈而不飲。肴乾而不食。所以訓共儉宴以示慈惠。宴則折俎。相與共食共儉以行禮。而慈惠以布政。政以禮成。民是以息。百官承事。朝而不夕。不夕。言無事。○朝直遙反此公侯之所以扞城其民也。扞。蔽也。言享宴結好鄰國。所以蔽扞其民。扞戶旦反 故詩曰：赳赳武夫，公侯干城。詩周南之風。赳赳，武貌。干，扞也。言公侯之與武夫，止于扞難而已。○干，戶旦反，又如字。及其亂也，諸侯貪冒，侵欲不忌，爭尋常以盡其民，八尺曰尋，倍尋曰常。言爭尺寸之地以相攻伐。○冒，莫報反，又亡北反。略其武夫，以爲己腹心股肱爪牙。略，取也。言世亂，則公侯制禦武夫以從己志，使侵害鄰國，爲搏噬之用無已。故詩曰：赳赳武夫，公侯腹心。舉詩之正以駁亂義。詩言治世，則武夫能合德公侯，外爲扞城，內制其腹心。天下有道，則公侯能爲民干城，而制其腹心。

乾隆四十八年……春秋……十三　六

亂則反之略其武夫。以爲己腹心爪牙。○能爲于僞反今吾子之言亂之道也。不可以爲法。然吾子主也。至敢不從。遂入卒事。歸以語范文子。文子曰。無禮必食言。吾死無日矣夫。言晉楚不能久和。必復相伐。爲十六年鄢陵戰張本。○語魚據反。鄢謁晚反。又一建反冬。楚公子罷如晉聘。且涖盟。報郤至十二月。晉侯及楚公子罷盟于赤棘。晉地

成十二年

經十有三年。春。晉侯使郤錡來乞師。將伐秦也。侯伯

當召兵而乞師。謙辭。○錡魚綺反三月。公如京師伐秦道過京師。因朝王夏五月。公自京師。遂會晉侯齊侯宋公衛侯鄭伯曹伯邾人滕人伐秦。曹伯盧卒于師五同盟。○盧如字。亦作廬秋七月。公至自伐秦無傳冬。葬曹宣公

傳十三年。春。晉侯使郤錡來乞師。將事不敬將事。致君命孟獻子曰。郤氏其亡乎。禮身之幹也。敬身之基也。郤子無基。且先君之嗣卿也。受

命以求師。將社稷是衛。而惰。弃君命也。不亡何爲。郤錡。郤克子。故曰嗣卿。爲十七年晉殺郤錡傳。三月。公如京師。宣伯欲賜。欲王賜己。請先使。王以行人之禮禮焉。不加厚。○使所吏反。孟獻子從。王以爲介。而重賄之。介輔相威儀者。獻子相公以禮。故王重賜之。○從才用反。公及諸侯朝王。遂從劉康公成肅公會晉侯伐秦。劉康公。王季子。劉成二公不書。兵不加秦。成子受脤于社。不敬。脤。宜社之肉也。盛以脤器。故曰脤。宜出兵祭社之名。○脤市軫反。盛音成。劉子曰。吾聞之。民受天地之中以生所謂命也是以有動作禮義威儀之則以定命也能者養之以福養威儀以致福不能者敗以取禍是故君子勤禮小人盡力勤禮莫如致敬盡力莫如敦篤敬在養神篤在守業國之大事在祀與戎祀有執膰膰祭肉膰音煩戎有受脤神之大節也交神之大節今成子惰弃其命矣惰則失中和之氣其不反乎爲成肅公卒于瑕張本

夏四月戊午晋侯使呂相絕秦呂相魏錡子蓋口宣己命

○相息亮反曰：昔逮我獻公及穆公晉獻公。秦穆公。逮音代。相好，一音大計反戮力同心，申之以盟誓，重之以昏姻。穆公夫人。獻公之女。○好呼報反。戮音六。又力幽反。字林音遼天禍晉國。文公如齊。惠公如秦。辟驪姬也。不言狄。梁畢所恃大國。○辟音避無祿。獻公即世。穆公不忘舊德。俾我惠公用能奉祀于晉。僖十年。秦納惠公又不能成大勳。而爲韓之師。僖十五年。秦伐晉。獲惠公亦悔于厥心。用集我文公。集。成也是穆之成也。成功于晉文公躬擐甲冑。

跋履山川草行爲跋〇擐音患跋蒲末反踰越險阻征東之諸侯虞夏商周之胤而朝諸秦則亦既報舊德矣鄭人怒君之疆埸我文公帥諸侯及秦圍鄭晉自以鄭貳於楚故圍之鄭非侵秦也晉以此誣秦事在僖三十年〇埸音亦秦大夫不詢于我寡君擅及鄭盟詢謀也盟者秦伯謙言大夫諸侯疾之將致命于秦致死命而討秦時無諸侯蓋諸侯遙致此意文公恐懼綏靜諸侯秦師克還無害則是我有大造于西也造成也言晉有成功於秦無祿文

公即世。穆爲不弔（不見弔傷）蔑死我君。寡我襄公（寡。弱也）迭我殽地。奸絕我好。伐我保城。殄滅我費滑（伐保城。誣之。費滑。滑國都於費。今緱氏縣。○迭直結反。又音逸。費扶味反。緱古侯反）散離我兄弟。撓亂我同盟（滑。晉同姓。○撓乃卯反）傾覆我國家。我襄公未忘君之舊勳（納文公之勳）而懼社稷之隕。是以有殽之師（在僖三十三年）猶願赦罪于穆公（晉欲求解於秦）穆公弗聽。而即楚謀我。天誘其衷。成王隕命（秦使鬬克歸楚求成。事見文十四年。文元年。楚弒成王。見，賢遍反。穆公是以不克逞志于我。逞，快也。穆、襄即世。康、靈即位。文六年，晉襄、秦穆皆卒。康公我之自出。晉外甥。又欲闕翦我公室。傾覆我社稷。帥我蝥賊以來。蕩搖我邊疆。蝥賊，食禾稼蟲名。謂秦納公子雍。闕，其月反。又如字。蝥，莫侯反。我是以有令狐之役。在文七年。康猶不悛。入我河曲。悛，改也。悛，七全反。伐我涑川。俘我王官。涑水出河東聞喜縣。西南至蒲坂縣入河。涑，息錄反。又音速。翦我羈馬。我是以有河曲之戰。在文十二年。東道之不通。則是康公絕我好也言康公自絕。故不復東通晉及君之嗣也君。秦桓公我君景公引領西望曰。庶撫我乎望秦撫恤晉君亦不惠稱盟不肯稱晉望而共盟。稱尺證反利吾有狄難。謂晉滅潞氏時。難乃旦反入我河縣。焚我箕郜。芟夷我農功夷。傷也。郜古報反虔劉我邊垂虔劉。皆殺也我是以有輔氏之聚聚。衆也。在宣十五年君亦悔禍之延延。長也而欲徼福于先君獻穆晉獻。秦穆使伯車來命我景公伯車。秦桓公子曰。吾與女同好棄惡。復脩舊德。以追念前勳。言誓未就。景公即世。我寡君是以有令狐之會。令狐會在十一年。申厲公之命。宜言寡人。稱君。誤也。○復音服。又扶又反君又不祥。祥。善也背棄盟誓。白狄及君同州。及。與也君之仇讎。而我昏姻也。季隗。廧咎如。赤狄之女也。白狄伐而獲之。納諸文公。○隗五罪反。廧在良反。咎音羔君來賜命曰。吾與女伐狄。寡君不敢顧昏姻。畏君之威。而受命于吏。君有二心於狄。曰。晉將伐女。狄應且憎。是用告我。言狄雖應荅秦。而心實憎秦無信楚人惡君之二三其德也。亦來告我曰。秦背令狐之盟。而來求盟于我。昭告昊天上帝秦三公。楚三王。三公。穆。康。共。三王。成。穆。莊。○昊戶老反。共音恭。曰。余雖與晉出入。出入猶往來。余唯利是視。不穀惡其無成德。是用宣之。以懲不壹。諸侯備聞此言。斯是用痛心疾首。暱就寡人。疾亦痛也。暱。親也。○暱女乙反。寡人帥以聽命。唯好是求。君若惠顧諸侯。矜哀寡人。而賜之盟。則寡人之願也。其承寧諸侯以退。

承君之意。以寧靜諸侯豈敢徼亂徼。要也君若不施大惠。寡人不佞。其不能以諸侯退矣。敢盡布之執事。俾執事實圖利之俾。使也秦桓公既與晉厲公爲令狐之盟。而又召狄與楚。欲道以伐晉。諸侯是以睦於晉晉辭多誣秦。故傳據此三事。以正秦罪晉欒書將中軍。荀庚佐之庚代荀首士燮將上軍代荀庚郤錡佐之代士燮韓厥將下軍代郤錡荀罃佐之代趙同趙旃將新軍代韓厥。○旃之然反郤至佐之代趙括郤毅御戎，欒鍼爲右。郤毅，郤至弟。欒鍼，欒書子。○鍼，其廉反。孟獻子曰：「晉帥乘和，師必有大功。」帥，軍帥。乘，車士。○帥，所類反。乘，繩證反。五月丁亥，晉師以諸侯之師及秦師戰于麻隧。秦師敗績，獲秦成差及不更女父。不更，秦爵。戰敗績不書，以爲晉直秦曲，則韓役書戰時，公在師，復不須告。克獲有功，亦無所諱。蓋經文闕漏，傳文獨存。○差，初佳反，又初宜反。更，音庚。女，音汝。復，扶又反。曹宣公卒于師。師遂濟涇，及侯麗而還。涇水出安定，東南經扶風、京兆高陸縣，入渭也。○麗，力馳反。迓晉侯于新楚。迓，迎也。既戰，晉

侯止新楚。故師還過迎之。麻隧。侯麗。新楚。皆秦地成肅公卒于瑕終劉

子之言。瑕。晉地六月丁卯夜鄭公子班自訾求入于

大宮不能殺子印子羽訾。鄭地。大宮。鄭祖廟。十年班出奔許。今欲

還爲亂。子印。子羽。皆穆公子。班亦作般（訾）子斯反（大）音泰反軍于市。己

巳子駟帥國人盟于大宮子駟。穆公子遂從而盡

焚之焚燒也殺子如子駹孫叔孫知子如。公子班。子駹。班

弟。孫叔。子如子。孫知。子駹子。○（駹）武邦反曹人使公子負芻守使

公子欣時逆曹伯之喪二子皆曹宣公庶子。○（芻）初俱反秋

負芻殺其大子而自立也［宣公大子］諸侯乃請討之。晉人以其役之勞。請俟他年。冬。葬曹宣公。既葬。子臧將亡。［子臧。公子欣時］國人皆將從之。［不義負芻故］成公乃懼［成公。負芻］告罪。且請焉［請留子臧］乃反。而致其邑［還邑於成公。爲十五年執曹伯傳］

經。十有四年。春。王正月。莒子朱卒［無傳。九年盟于蒲］夏。衞孫林父自晉歸于衞［晉納之。故曰歸］秋。叔孫僑如如齊逆女［成公逆夫人。最爲得禮。而經無納幣者。文闕絕也］鄭公子喜帥師伐許。九月。僑如以夫人婦姜氏至自齊。冬。十月。庚寅。衛侯臧卒五同盟秦伯卒無傳。二年大夫盟於蜀。而不赴以名。例在隱七年

傳。十四年。春。衛侯如晉。晉侯強見孫林父焉林父以七年奔晉。強見。欲歸之。○強其丈反。見賢遍反定公不可。夏。衛侯既歸。晉侯使郤犨送孫林父而見之。衛侯欲辭。定姜曰。不可定姜。定公夫人是先君宗卿之嗣也同姓之卿大國又以爲請。不許。將亡。雖惡之。不

猶愈於亡乎。君其忍之違大國必見伐。故亡。○惡烏路反安民而宥宗卿。不亦可乎。衛侯見而復之復林父位衛侯饗苦成叔成叔，郤犨甯惠子相相，佐禮。惠子，甯殖苦成叔傲。甯子曰。苦成家其亡乎。古之為享食也。以觀威儀。省禍福也。故詩曰。兕觵其觩。旨酒思柔詩小雅。言君子好禮。飲酒皆思柔德。雖設兕觵。觩然不用。以兕角為觵。所以罰不敬。觩，陳設之貌。○食音嗣。兕辭姊反。觵古橫反。傲五報反。觩音虯彼交匪傲。萬福來求彼之交於事而不惰傲。乃萬福之所求今夫子傲。

取禍之道也。（爲十七年郤氏亡）秋，宣伯如齊逆女。稱族，尊君命也。八月，鄭子罕伐許，敗焉。（爲許所敗。所【敗】必邁反）戊戌，鄭伯復伐許。庚子，入其郛。（郛，郭也）許人平以叔申之封。（四年，鄭公孫申疆許田。許人敗之。不得定其封疆。今許以是所封田，求和於鄭）九月，僑如以夫人婦姜氏至自齊。舍族，尊夫人也。（舍族，謂不稱叔孫。【舍】音捨）故君子曰：春秋之稱微而顯，（辭微而義顯。【稱】尺證反）志而晦，（志，記也。晦，亦微也。謂約言以記事。事敘而文微）婉而成章，（婉，曲也。謂曲屈其辭。有所辟諱。

以示大順而成篇章盡而不汙謂直言其事盡其事實無所汙曲○汙憂于反懲惡而勸善善名必書惡名不滅所以為懲勸非聖人誰能脩之脩史策成此五者衛侯有疾使孔成子甯惠子立敬姒之子衎以為大子成子孔達之孫敬姒定公妾衎獻公冬十月衛定公卒夫人姜氏既哭而息見大子之不哀也不內酌飲歎曰是夫也將不唯衛國之敗其必始於未亡人定姜言獻公行無禮必從已始下言暴妾使余是也○內如字又音納酌市略反又張略反烏呼天禍衛

國也夫。吾不獲鱄也使主社稷。鱄，衎之母弟。○鱄，市臠反。一音專。大夫聞之。無不聳懼。孫文子自是不敢舍其重器於衛寶器。○舍音赦。或音捨。盡寘諸戚寘，置也。戚，孫氏邑。而甚善晉大夫備亂起。欲以爲援。爲襄十四年衛侯出奔傳。

經十有五年春王二月。葬衛定公無傳三月乙巳。仲嬰齊卒無傳。襄仲子。公孫歸父弟。宣十八年。逐東門氏。既而又使嬰齊紹其後。曰仲氏。癸丑。公會晉侯、衛侯、鄭伯、曹伯、宋世子成、齊國佐、邾人同盟于戚。晉侯執曹伯歸于京師不稱人以執者。曹伯罪不及民。歸之京師。禮也公至自會無傳夏六月。宋公固卒四同盟楚子伐鄭。秋八月。庚辰。葬宋共公三月而葬。速宋華元出奔晉。宋華元自晉歸于宋華元欲挾晉以自重。故以外納告宋殺其大夫山不書氏。明背其族宋魚石出奔楚公子目夷之曾孫冬。十有一月。叔孫僑如會晉士燮。齊高無咎。宋華元。衛孫林父。鄭公子鰌。邾人。會吳于鍾離吳夷未嘗與中國會。今始來通。晉帥諸侯大夫而會之。故殊會。明本非同好。鍾離。楚邑。淮南縣

○燮息協反○鰌音秋許遷于葉許畏鄭南依楚故以自遷爲文葉今南陽葉縣也○葉舒涉反

傳十五年春會于戚討曹成公也討其殺大子而自立事在十三年執而歸諸京師書曰晉侯執曹伯不及其民也惡不及民凡君不道於其民諸侯討而執之則曰某人執某侯稱人示衆所欲執不然則否謂身犯不義者諸侯將見子臧於王而立之子臧辭曰前志有之曰聖達節聖人應天命不拘常禮次守節

謂賢者下失節愚者妄動爲君非吾節也雖不能聖敢失守乎遂逃奔宋夏六月宋共公卒爲下宋亂起楚將北師侵鄭衞子囊曰新與晉盟而背之無乃不可乎子反曰敵利則進何盟之有晉楚盟在十二年子囊莊王子公子貞申叔時老矣在申老歸本邑聞之曰子反必不免信以守禮禮以庇身信禮之亡欲免得乎言不得免楚子侵鄭及暴隧遂侵衞及首止鄭子罕侵楚取新石新石楚邑欒武子

欲報楚。韓獻子曰：無庸。（庸，用也。）使重其罪，民將叛之。（背盟數戰，罪也。）無民孰戰？（爲明年晉敗楚於鄢陵傳。）秋八月，葬宋共公。於是華元爲右師，魚石爲左師，蕩澤爲司馬，（蕩澤，公孫壽之孫。）華喜爲司徒，（華父督之玄孫。）公孫師爲司城，（莊公孫。）向爲人爲大司寇，鱗朱爲少司寇，（鱗矔孫。○矔，古亂反。）向帶爲大宰，魚府爲少宰。蕩澤弱公室，殺公子肥。（輕公室以爲弱，故殺其枝黨。肥，文公子。）華元曰：我爲右師，君臣之訓，師所司也。今公室卑。而不能正不能討蕩澤吾罪大矣。不能治官。敢賴寵乎。乃出奔晉。二華。戴族也華元華喜司城莊族也。六官者皆桓族也魚石。蕩澤。向爲人。鱗朱。向帶。魚府。皆出桓公魚石將止華元。魚府曰。右師反。必討。是無桓氏也恐華元還討蕩澤。并及六族魚石曰。右師苟獲反。雖許之討。必不敢言畏桓族强且多大功。國人與之。不反。懼桓氏之無祀於宋也華元大功。克合晉楚之成。劫子反以免宋圍右師討。猶有戌在向戌。桓公曾孫。言其賢。華元必不討桓氏雖亡必偏偏，不盡魚石自止華元于河上。請討。許之。乃反。使華喜、公孫師帥國人攻蕩氏，殺子山。喜師非桓族。故使攻之書曰宋殺其大夫山。言背其族也。蕩氏，宋公族，還害公室，故去族以示其罪魚石。向爲人、鱗朱、向帶、魚府出舍於睢上。睢，水名。五大夫畏同族罪及。將出奔。○睢音雖華元使止之不可。冬十月，華元自止之不可，乃反。五子不止。華元還魚府曰：今不從不得入矣。不得復入宋○復扶又反右師視速而言疾。

有異志焉。若不我納。今將馳矣。登丘而望之。則馳。騁而從之五子亦馳逐之。○登丘而望之則馳。絕句騁勑景反則決睢澨澨。水涯。決。壞也。○澨市制反涯魚佳反壞音怪閉門登陴矣。

左師。二司寇。二宰。遂出奔楚四大夫不書獨魚石告華元使向戌爲左師。老佐爲司馬。樂裔爲司寇。以靖國人老佐。戴公五世孫

晉三郤害伯宗。譖而殺之。及欒弗忌欒弗忌。晉賢大夫伯州犂奔楚伯宗子韓獻子曰。郤氏其不免乎。善人。天地之紀也。而

驟絕之。不亡何待既殺伯宗。又及弗忌。故曰驟也。爲十七年晉殺三郤

傳初。伯宗每朝。其妻必戒之曰。盜憎主人。民惡其上。子好直言。必及於難傳見雖婦人之言不可廢。○惡烏路反。好呼報反。難乃旦反十一月。會吳于鍾離。始通吳也始與中國接許靈公畏偪于鄭。請遷于楚。辛丑。楚公子申遷許于葉。

經十有六年。春。王正月。雨木冰無傳。記寒過節。冰封著樹夏四月。辛未。滕子卒不書名。未同盟鄭公子喜帥師

侵宋喜，穆公子子罕也。六月丙寅朔，日有食之。無傳晉侯使欒黶來乞師。將伐鄭。黶，欒書子。○黶，於斬反，又於玷反。甲午晦，晉侯及楚子、鄭伯戰于鄢陵。楚子、鄭師敗績。楚師未大崩，楚子傷目而退，故曰楚子敗績。鄢陵，鄭地，今屬潁川郡。○鄢，謁晚反，又於建反。楚殺其大夫公子側。側，子反。背盟無禮，卒以敗師，故書名。秋，公會晉侯、齊侯、衛侯、宋華元、邾人于沙隨，沙隨，宋地。梁國寧陵縣北有沙隨亭。不見公。不及鄢陵戰故。不諱者，恥輕於執止。公至自會。無傳公會尹子、晉侯、齊國佐、邾人伐鄭尹子王卿士子爵曹伯歸自京師爲晉侯所赦故書歸諸侯歸國或書名或不書名或言歸自某或言自某歸無傳義例從告辭九月晉人執季孫行父舍之于苕丘苕丘晉地舍之苕丘明不以歸不稱行人非使人○苕音條冬十月乙亥叔孫僑如出奔齊公未歸命國人逐之十有二月乙丑季孫行父及晉郤犨盟于扈晉許魯平故盟公至自會無傳伐而以會致史異文乙酉刺公子偃魯殺大夫皆言刺義取於周禮三刺之法○刺七賜反殺也

傳十六年春楚子自武城使公子成以汝陰

之田。求成于鄭。汝水之南近鄭地鄭叛晉。子駟從楚子盟于武城。爲晉伐鄭起夏。四月。滕文公卒。鄭子罕伐宋。滕。宋之與國。鄭因滕有喪而伐宋。故傳舉滕侯卒。侵伐經傳異文。經從告。傳言實。他皆放此宋將鉏樂懼敗諸汋陂敗鄭師也。樂懼戴公六世孫。將鉏樂氏族。○鉏仕魚反。又在魚反。汋七藥反。又音酌。一市藥反退舍於夫渠。不儆。宋師不儆備。○夫音扶。儆京領反鄭人覆之。敗諸汋陵。獲將鉏樂懼。宋恃勝也。汋陂。夫渠。汋陵皆宋地。○覆敷目反。一音扶又反衞侯伐鄭。至于鳴鴈。爲晉故也。鳴鴈在陳留雍丘縣西北晉侯將伐鄭。范文子曰。若逞吾願。諸侯皆叛。晉可以逞。逞。快也。晉厲公無道。三郤驕。故欲使諸侯叛。冀其懼而思德若唯鄭叛。晉國之憂。可立俟也。欒武子曰。不可以當吾世而失諸侯。必伐鄭。乃興師。欒書將中軍。士燮佐之。代荀庚郤錡將上軍代士燮荀偃佐之代郤錡。偃。荀庚子韓厥將下軍。郤至佐新軍。荀罃居守。荀罃。下軍佐。於是郤犨代趙旃將新軍。新上下軍罷矣郤犨如衛。遂如齊。皆乞師焉。欒黶來乞師。

孟獻子曰有勝矣（卑讓有禮故知其將勝楚）戊寅晉師起

鄭人聞有晉師使告于楚姚句耳與往（句耳鄭大夫與往非使也爲先歸張本○句古侯反與音預）楚子救鄭司馬將中軍（子反）令尹將左（子重）右尹子辛將右（公子壬夫）過申子反入見申叔時（叔時老在申○過古禾反）曰師其何如對曰德刑詳義禮信戰之器也（器猶用也）德以施惠刑以正邪詳以事神義以建利禮以順時信以守物民生厚而德正（財足則思無邪○邪似嗟反）

用利而事節（動不失利。則事得其節）時順而物成（羣生得所）上下和睦。周旋不逆（動順理）求無不具（下應上）各知其極（無二心）故詩曰。立我烝民。莫匪爾極（烝。衆也。極。中也。詩頌。言先王立其衆民。無不得中正）是以神降之福。時無災害。民生敦厖。和同以聽（敦。厚也。厖。大也）莫不盡力。以從上命。致死以補其闕（闕。戰死也）此戰之所由克也。今楚內弃其民（不施惠）而外絕其好（義不建利）○好。呼報反 瀆齊盟（不詳事神）而食話言（信不守物。○話。戶快反）

奸時以動禮不順時。周四月。今二月。妨農業。奸音干而疲民以逞刑不正邪。而苟快意。民不知信。進退罪也。人恤所底。其誰致死底。至也。底音旨子其勉之。吾不復見子矣言其必敗不反。復扶又反姚句耳先歸。子駟問焉。對曰。其行速。過險而不整。速則失志。不思慮也不整喪列。志失列喪。將何以戰。楚懼不可用也。五月。晉師濟河。聞楚師將至。范文子欲反。曰。我僞逃楚。可以紓憂。紓。緩也夫合諸侯。非吾所能也。以遺能者。我若羣臣輯睦以事君。多矣。武子曰。不可。六月。晉楚遇於鄢陵。范文子不欲戰。郤至曰。韓之戰。惠公不振旅。衆散敗也。在僖十五年。（遺）唯季反箕之役。先軫不反命。死於狄也。在僖三十三年。邲之師。荀伯不復從。荀林父奔走不復故道。在宣十二年。（從）子容反。或如字皆晉之恥也。子亦見先君之事矣。見先君成敗之事今我辟楚。又益恥也。文子曰。吾先君之亟戰也有故。亟。數也。（亟）去吏反秦狄齊楚皆彊。不盡力。子孫將弱。今三彊服矣齊。秦。狄敵楚而已。唯聖人能內外無患。自非聖人。外寧必有內憂驕亢則憂患生也。亢苦浪反盍釋楚以爲外懼乎。甲午晦。楚晨壓晉軍而陳壓。笮其未備。陳直覲反。下同。笮側百反軍吏患之。范匄趨進匄。士燮子。匄古害反曰。塞井夷竈。陳於軍中而疏行首疏行首者。當陳前決開營壘。爲戰道。行戶郎反。又如字晉楚唯天所授。何患焉。文子執戈逐之。曰。國之存亡。天也。童子何知焉。欒書曰。楚師輕窕。固壘而待之。三日必退。退而擊之。必獲勝焉。郤至曰。楚有六閒。不可失也。其二卿相惡。子重。子反○窕敕彫反。又敕弔反。惡如字。又烏路反王卒以舊。罷老不代鄭陳而不整。不整列蠻軍而不陳。蠻夷從楚者不結陳陳不違晦。晦。月終。陰之盡。故兵家以爲忌在陳而囂。囂。喧譁也。○囂許驕反。徐讀五高反合而加囂。陳合宜靜。而益有聲各顧其後。莫有鬭心。人恤其所底舊不必良。以犯天忌。我必克之。楚子登巢車以望晉軍。巢車。車上爲櫓。○巢說文作轈。兵車。高如巢。以望敵也

子重使大宰伯州犂侍于王後州犂。晉伯宗子。前年奔楚
王曰。騁而左右何也騁。走也曰。召軍吏也。皆聚
於中軍矣。曰。合謀也。張幕矣。曰。虔卜於先君
也。虔。敬也徹幕矣。曰。將發命也。甚囂且塵上矣。
曰。將塞井夷竈而爲行也夷。平也皆乘矣。左右
執兵而下矣。曰。聽誓也。左。將帥。右。車右乘。繩證反戰乎。
曰。未可知也。乘而左右皆下矣。曰。戰禱也禱請
於鬼神伯州犂以公卒告王公。晉侯苗賁皇在晉

侯之側亦以王卒告賁皇楚鬭椒子宣四年奔晉○賁扶云反皆曰國士在且厚不可當也晉侯左右皆以伯州犁在楚知晉之情且謂楚衆多故憚合戰與苗賁皇意異○憚徒旦反苗賁皇言於晉侯曰楚之良在其中軍王族而已請分良以擊其左右而三軍萃於王卒萃集也必大敗之公筮之史曰吉其卦遇復䷗震下坤上復無變曰南國蹙射其元王中厥目此卜者辭也復陽長之卦陽氣起子南行推陰故曰南國蹙也南國勢蹙則離受其咎離爲諸侯又爲目陽氣激南飛矢之象

故曰射其元王中厥目○蹶子六反射食亦反中丁仲反國蹶王傷。不敗何待。公從之從其言而戰有淖於前淖。泥也○淖乃孝反又徒較反乃皆左右相違於淖違。辟也步毅御晉厲公。欒鍼爲右步毅即郤毅彭名御楚共王潘黨爲右。石首御鄭成公。唐苟爲右。欒范以其族夾公行二族強。故在公左右陷於淖。欒書將載晉侯。鍼曰。書退。國有大任。焉得專之在君前。故子名其父。大任。謂元帥之職且侵官。冒也載公爲侵官○冒莫報反。又莫北反失官。慢也去將而御。失官也。離局姦也。遠其部曲爲離局。○離力志反。注同。有三罪焉。不可犯也。乃掀公以出於淖。掀，舉也。○掀許言反。癸巳。潘尪之黨與養由基蹲甲而射之。徹七札焉。黨，潘尪之子。蹲，聚也。一發達七札。言其能陷堅。○尪烏黃反。蹲在尊反。又在損反。一才官反。以示王曰。君有二臣如此。何憂於戰。二子以射夸王。王怒曰。大辱國。賤其不尚知謀。○知音智。詰朝爾射死藝。言女以射自多。必當以藝死也。詰朝，猶明朝。是戰日。○朝如字。女音汝。呂錡夢射月。中之。退入於泥。呂錡，魏錡。○射食亦反。占之

曰。姬姓。日也周世姬姓尊異姓。月也異姓卑必楚王
也。射而中之。退入於泥。亦必死矣錡自入泥。亦死象。○
中丁仲反及戰。射共王中目。王召養由基。與之兩
矢。使射呂錡。中項伏弢弢。弓衣。○弢他刀反以一矢復
命言一發而中郤至三遇楚子之卒。見楚子。必下。
免冑而趨風疾如風楚子使工尹襄問之以弓
問遺也曰。方事之殷也殷。盛也有韎韋之跗注。君
子也韎。赤色。跗注。戎服。若袴而屬於跗。與袴連。○韎莫拜反。又音妹。跗方于反。注之

樹反（樗）苦故反識見不穀而趨。無乃傷乎恐其傷郤至見客。免冑承命曰。君之外臣至從寡君之戎事。以君之靈。間蒙甲冑間猶近也不敢拜命介者不拜敢告不寧君命之辱以君辱賜命。故不敢自安爲事之故。敢肅使者言君辱命來問。以有軍事不得荅。故肅使者。肅。手至地。若今撎。（爲）于僞反（撎）伊志反。揖也三肅使者而退。晉韓厥從鄭伯從。逐也其御杜溷羅曰。速從之。其御屢顧。不在馬。可及也。韓厥曰。不可以再辱國君。乃止二年鞌戰。韓厥已辱齊侯。○溷戶昏、戶本二反 郤至從鄭伯，其右茀翰胡曰：「諜輅之，余從之乘而俘以下。」欲遣輕兵單進，以距鄭伯車前，而自後登其車以執之。○茀，府勿反。翰音韓。諜音牒。輅，五嫁反。乘，繩證反。 郤至曰：「傷國君有刑。」亦止。石首曰：「衛懿公唯不去其旗，是以敗於熒。」乃內旌於弢中。熒戰在閔二年。○去，起呂反。熒，戶扃反。 唐苟謂石首曰：「子在君側，敗者壹大，我不如子，子以君免，我請止。」乃死。敗者壹大，謂軍大崩也。言石首亦君之親臣而執御，與車右不同，故首當御君以退，已當死戰。 楚師薄於險〔薄，迫也〕叔山冉謂養由基曰，雖君有命。爲國故，子必射。〔王有死藝命。○冉，如琰反〕乃射，再發盡殪。叔山冉搏人以投，中車折軾，晉師乃止。〔言二子皆有過人之能。○中，丁仲反。折，之設反，又市列反〕因楚公子茷〔爲郤至見譖張本。○茷，扶廢反〕欒鍼見子重之旌，請曰，楚人謂夫旌，子重之麾也。彼其子重也。曰，臣之使於楚也，子重問晉國之勇。臣對曰，好以衆整。曰，又何如〔又問其餘。○夫音扶。好，呼報反，下同〕臣對曰，好以暇。〔暇，閒暇〕

今兩國治戎，行人不使，不可謂整；臨事而食言，不可謂暇。食好整之言請攝飲焉。攝，持也。持飲往飲子重。○往飲，於鴆反公許之，使行人執榼承飲，造于子重，承，奉也。○榼，苦臘反。造，七報反曰：「寡君乏使，使鍼御持矛，御侍也是以不得犒從者，使某攝飲。」子重曰：「夫子嘗與吾言於楚，必是故也，不亦識乎？」知其以往言好暇，故致飲。○從，才用反受而飲之，免使者而復鼓。免，脫也。○復，扶又反旦而戰，見星未已。子反命軍吏察夷傷，夷亦傷也補卒乘補死亡繕甲兵繕治也展車馬展陳也雞鳴而食唯命是聽復欲戰晉人患之苗賁皇徇曰蒐乘補卒蒐閱也秣馬利兵秣穀馬也○秣音末脩陳固列固堅也○陳直覲反又如字蓐食申禱申重也明日復戰乃逸楚囚逸縱也王聞之召子反謀穀陽豎獻飲於子反子反醉而不能見穀陽子反內豎王曰天敗楚也夫余不可以待乃宵遁晉入楚軍三日穀食楚粟三日也○夫音扶范文子立於戎馬之

前曰君幼諸臣不佞佞才也何以及此君其戒之戒勿驕周書曰惟命不于常有德之謂周書康誥言勝無常命惟德是與楚師還及瑕瑕楚地王使謂子反曰先大夫之覆師徒者君不在謂子玉敗城濮時王不在軍子無以爲過不穀之罪也子反再拜稽首曰君賜臣死死且不朽王引過亦所以責子反臣之卒實奔臣之罪也子重使謂子反曰初隕師徒者而亦聞之矣盍圖之聞子玉自殺終二卿相惡對曰雖

微先大夫有之。大夫命側。側敢不義。言以義命己。不敢不受側亡君師。敢忘其死。王使止之。弗及而卒。戰之日。齊國佐高無咎至于師。無咎。高固子衛侯出于衛。公出于壞隤。壞隤。魯邑。齊衛皆後。非獨魯。明晉以僑如故。不見公。○壞戶怪反。一音懷。隤徒回反宣伯通於穆姜。穆姜。成公母欲去季孟而取其室。季文子。孟獻子。○去起呂反將行。穆姜送公。而使逐二子。公以晉難告。會晉伐鄭。○難乃旦反曰。請反而聽命。姜怒。公子偃。公子鉏趨過二子。公指之曰。女不可。是皆君也言欲廢公庶弟更立君。○女音汝公待於壞隤。申宮儆備申勑宮備設守而後行。是以後後晉楚戰期使孟獻子守于公宮。秋。會于沙隨。謀伐鄭也鄭猶未服宣伯使告郤犫曰。魯侯待于壞隤以待勝者觀晉楚之勝負郤犫將新軍。且爲公族大夫。以主東諸侯主齊魯之屬取貨于宣伯。而訴公于晉侯訴。譖也晉侯不見公。曹人請于晉曰。自我先君宣公即世在十三年國人曰。

若之何憂猶未弭弭。息也。既葬。國人皆將從子臧。所謂憂未息而又討我寡君前年晉侯執曹伯以亡曹國社稷之鎮公子謂子臧逃奔宋是大泯曹也泯。滅先君無乃有罪乎言今君無罪而見討。得無以先君故若有罪。則君列諸會矣諸侯雖有篡弒之罪。侯伯已與之會。則不復討。前年會于戚。曹伯在列。盟畢乃執之。故曹人以爲無罪。篡初患反君唯不遺德刑也遺。失以伯諸侯。豈獨遺諸敝邑。敢私布之爲曹伯歸不以名告傳。伯如字七月。公會尹武公。及諸侯伐鄭。將行。姜又命公如初。復欲使公逐季孟。公又申守而行。諸侯之師次于鄭西。我師次于督揚。不敢過鄭。督揚鄭東地。○守手又反子叔聲伯使叔孫豹請逆于晉師。豹叔孫僑如弟也。僑如於是遂作亂。豹因奔齊爲食於鄭郊。師逆以至。聲伯戒叔孫以必須所逆晉師至。乃食聲伯四日不食以待之。食使者。使者豹之介。○食使音嗣而後食。言其忠也諸侯遷于制田。滎陽宛陵縣東有制澤知武子佐下軍。武子荀罃以諸侯之師侵陳。至于鳴鹿。陳國武平縣西南有鹿邑遂侵蔡未反侵陳蔡不書公不與諸侯遷于潁上戊午鄭子罕宵軍之宋齊衛皆失軍將主與軍相失宋衛不書後也曹人復請于晉晉侯謂子臧反吾歸而君以曹人重子臧故子臧反曹伯歸子臧自宋還子臧盡致其邑與卿而不出不出仕宣伯使告郤犫曰魯之有季孟猶晉之有欒范也政令於是乎成今其謀曰晉政多門不可從也政不由君寧事齊楚有亡而已蔑從晉矣蔑無也若欲得志於魯請止行

父而殺之行父。季文子也我斃蔑也蔑。孟獻子。時留守公宮而事晉蔑有貳矣魯不貳小國必睦不然歸必叛矣九月晉人執季文子于苕丘公還待于鄆鄆。魯西邑。東郡廩丘縣東有鄆城○廩力甚反使子叔聲伯請季孫于晉郤犨曰苟去仲孫蔑而止季孫行父吾與子國親於公室親魯甚於晉公室○去起呂反對曰僑如之情子必聞之矣聞其淫慝情若去蔑與行父是大棄魯國而罪寡君也若猶不棄而惠徼周公之福使寡君得事晉君則夫二人者魯國社稷之臣也若朝亡之魯必夕亡以魯之密邇仇讎仇讎謂齊楚亡而爲讎治之何及言魯屬齊楚則還爲晉讎郤犨曰吾爲子請邑對曰嬰齊魯之常隸也隸賤官敢介大國以求厚焉介因也承寡君之命以請承奉也若得所請吾子之賜多矣又何求范文子謂欒武子曰季孫於魯相二君矣二君宣成妾不衣帛馬不食粟可不謂忠乎

信讒慝而弃忠良。若諸侯何。子叔嬰齊奉君命無私。不受郤犫請邑。○衣於既反食舊如字。對上句應作嗣音謀國家不貳謂四日不食以堅事晉圖其身不忘其君辭邑不食。皆先君而後身若虛其請。是弃善人也。子其圖之。乃許魯平。赦季孫。冬。十月。出叔孫僑如而盟之。僑如奔齊。諸大夫共盟。以僑如爲戒十二月。季孫及郤犫盟于扈。歸。刺公子偃。偃與鉏俱爲姜所指。而獨殺偃。偃與謀召叔孫豹于齊而立之。近此七月。聲伯使豹請逆於晉。聞魯人將討僑如。豹乃辟其難。先奔齊。生二子。而魯乃召之。故襄二年。豹始見經。傳於此因言其終。○難乃旦反齊聲孟子通僑如聲孟子。齊靈公母。宋女使立於高國之間位比二卿僑如曰。不可以再罪。奔衛。亦間於卿傳亦終言僑如之佞晉侯使郤至獻楚捷于周。與單襄公語。驟稱其伐伐。功也單子語諸大夫曰。溫季其亡乎溫季。郤至位於七人之下佐新軍。位在八而求掩其上稱己之伐。掩上功怨之所聚。亂之本也。多怨而階亂。何以在位怨爲亂階夏書曰。怨豈在明。

不見是圖逸書也。不見細微也將慎其細也。今而明之。其可乎。言郤至顯稱己功。所以明怨咎

經十有七年。春。衛北宮括帥師侵鄭。括。成公曾孫

夏。公會尹子。單子。晉侯。齊侯。宋公。衛侯。曹伯。邾人伐鄭。晉未能服鄭。故假天子威。周使二卿會之。晉爲兵主。而猶先尹單。尊王命也。單伯稱子。蓋降爵六月乙酉。同盟于柯陵。柯陵。鄭西地

秋。公至自會。無傳齊高無咎出奔莒。九月辛丑。用郊。無傳。九月郊祭。非禮明矣。書用郊。從史文晉侯使荀罃來乞

師。無傳。將伐鄭。冬。公會單子。晉侯。宋公。衛侯。曹伯。齊人。邾人。伐鄭。鄭猶未服故。十有一月。公至自伐鄭。無傳。壬申。公孫嬰齊卒于貍脤。十一月無壬申。日誤也。貍脤闕。◯脤市軫反。十有二月丁巳朔。日有食之。無傳。邾子貜且卒。無傳。五同盟。◯貜俱縛反。且子餘反。晉殺其大夫郤錡。郤犨。郤至。楚人滅舒庸。

傳十七年春王正月。鄭子駟侵晉虛滑。虛。滑。晉二邑。滑故滑國。爲秦所滅。時屬晉。後屬周。◯虛起居反。衛北宮括救晉侵鄭。至于高氏不書救。以侵告。高氏在陽翟縣西南夏。五月。鄭大子髡頑侯獳爲質於楚侯獳。鄭大夫。髡苦門反。獳乃侯反楚公子成。公子寅戍鄭。公會尹武公單襄公及諸侯伐鄭。自戲童至于曲洧今新汲縣治曲洧城。臨洧水。戲許宜反洧于軌反晉范文子反自鄢陵前年鄢陵戰還使其祝宗祈死祝宗。主祭祀祈禱者曰。君驕侈而克敵。是天益其疾也。難將作矣。愛我者唯祝我使我速死。無及於難。范氏之福也。六月。戊辰。士燮卒傳言厲公無道。故賢臣憂懼。因禱自裁。○難乃旦反祝之又反乙酉同盟于柯陵尋戚之盟也戚盟在十五年楚子重救鄭師于首止諸侯還畏楚強齊慶克通于聲孟子與婦人蒙衣乘輦而入于閎慶克慶封父。蒙衣亦爲婦人服。與婦人相冒閎巷門鮑牽見之以告國武子鮑牽。鮑叔牙曾孫武子召慶克而謂之慶克久不出慚卧於家。夫人所以怪之而告夫人曰國子讁我讁譴責也夫人怒國子相靈公以會會伐鄭高鮑處守高無咎鮑牽及還將至閉門而索客（蒐索備姦人）孟子訴之曰高鮑將不納君而立公子角國子知之（角頃公子頃音傾）秋七月壬寅刖鮑牽而逐高無咎無咎奔莒高弱以盧叛（弱無咎子盧高氏邑）齊人來召鮑國而立之（國牽之弟文子）初鮑國去鮑氏而來爲施孝叔臣施氏卜宰匡句須吉（卜立家宰句其俱反）施氏之宰有百室之邑與匡句須邑使爲宰以讓鮑國而致邑焉施孝叔曰子實吉對曰能與忠良吉孰大

焉。鮑國相施氏忠。故齊人取以爲鮑氏後。仲尼曰。鮑莊子之知不如葵。葵猶能衛其足。葵傾葉向日。以蔽其根。言鮑牽居亂。不能危行言孫。○知之義反

冬。諸侯伐鄭。前夏未得志故。十月庚午。圍鄭。楚公子申救鄭。師于汝上。十一月。諸侯還。不書圍。畏楚救。不成圍而還。

初。聲伯夢涉洹。洹水出汲郡林慮縣。東北至魏郡長樂縣。入清水。○洹音桓。今土俗音袁。慮力於反。樂音洛。或與己瓊瑰。食之。瓊。玉。瑰。珠也。食珠玉。含象。○瑰古回反。含戶暗反。泣而爲瓊瑰。盈其懷。淚下化爲珠玉。滿其懷。

從而歌之曰濟洹之水贈我以瓊瑰歸乎歸
乎瓊瑰盈吾懷乎從就也夢中爲此歌懼不敢占也還
自鄭壬申至于貍脤而占之曰余恐死故不
敢占也今衆繁而從余三年矣無傷也言之
之莫而卒繁猶多也傳戒數占夢○莫音暮數所角反齊侯使崔
杼爲大夫使慶克佐之帥師圍盧討高弱○杼直呂反
國佐從諸侯圍鄭以難請而歸請於諸侯○難乃旦反
遂如盧師殺慶克以穀叛疾克淫亂故殺之齊侯與

之盟于徐關而復之。十二月。盧降。使國勝告難于晉。待命于清。勝。國佐子。使以高氏難告晉。齊欲討國佐。故留其子於外。清。陽平樂縣是。爲明年殺國佐傳。○降戶江反晉厲公侈。多外嬖。外嬖。愛幸大夫反自鄢陵。欲盡去羣大夫。而立其左右。終如士燮言胥童以胥克之廢也。怨郤氏。童。胥克之子。宣八年郤缺廢胥克而嬖於厲公。郤錡奪夷陽五田。五亦嬖於厲公。郤犫與長魚矯爭田。執而梏之。梏。械也與其父母妻子同一轅。繫之車轅既。矯亦嬖於厲公。欒書怨郤至。以其不從己而敗楚師也。欲廢之（鄢陵戰。欒書欲固壘。郤至言楚有六間以取勝也）使楚公子茷告公曰。此戰也。郤至實召寡君（鄢陵戰。晉囚公子茷以歸）以東師之未至也（齊魯衛之師）與軍帥之不具也。曰。此必敗（荀罃佐下軍居守。郤犨將新軍乞師。故言不具）吾因奉孫周以事君（孫周。晉襄公曾孫悼公。君。楚王也）公告欒書。書曰。其有焉。不然。豈其死之不恤。而受敵使乎（謂鄢陵戰時。楚子問郤至以弓）君盍嘗使諸周而察之眚試也。使所吏反。又如字郤至聘于周。欒書使孫周見之。公使覘之。信覘。伺也遂怨郤至。厲公田。與婦人先殺而飲酒。後使大夫殺傳言厲公無道。先婦人而後卿佐郤至奉豕進之於公寺人孟張奪之寺人。奄士郤至射而殺之。公曰。季子欺余季子。郤至。公反以爲郤至奪孟張豕。射食亦反厲公將作難。胥童曰。必先三郤。族大多怨。去大族不偪不偪公室。偪彼力反敵多怨有庸討多怨者易有功公曰。然。郤氏聞之。郤錡欲攻公。曰。

雖死。君必危。郤至曰。人所以立。信知勇也。信不叛君。知不害民。勇不作亂。失茲三者。其誰與我。死而多怨。將安用之。言俱死。無用多其怨咎。知音智。下同君實有臣而殺之。其謂君何。我之有罪。吾死後矣。若殺不辜。將失其民。欲安得乎。言不得安君位待命而已。受君之祿。是以聚黨。有黨而爭命。爭死命罪孰大焉。傳言郤至無反心壬午。胥童夷羊五。帥甲八百。將攻郤氏。八百人長魚矯請無用衆。公使清沸魋助之。○（沸魋亦嬖人。魋，徒回反）抽戈結衽（衽。裳際）而僞訟者（僞與清沸魋訟）三郤將謀於榭（榭。講武堂）矯以戈殺駒伯苦成叔於其位（位。所坐處也。駒伯。郤錡。苦成叔。郤犫）溫季曰。逃威也。遂趨（郤至本意欲稟君命而死。今矯等不以君命而來。故欲逃。凶賊爲害。故曰威。言可畏也。或曰。畏當爲藏）矯及諸其車。以戈殺之。皆尸諸朝（陳其尸於朝）胥童以甲劫欒書中行偃於朝。矯曰。不殺二子。憂必及君。公曰。一朝而尸三卿。余不忍益也。對曰。人將忍君人。謂書與偃臣聞亂在外爲姦。在內爲軌。御姦以德。德綏遠。○御，魚呂反。下同御軌以刑。刑治近不施而殺。不可謂德。臣偪而不討。不可謂刑。德刑不立。姦軌竝至。臣請行。遂出奔狄。行，去也。○施，如字。或式豉反公使辭於二子辭，謝。書與偃曰。寡人有討於郤氏。郤氏既伏其辜矣。大夫無辱。其復職位。胥童劫而執之，故云辱皆再拜稽首曰。君討有罪。而免臣於死。君之惠也。二臣雖死。敢忘君德。乃皆歸。

公使胥童爲卿。公遊于匠麗氏匠麗。嬖大夫家欒書中行偃。遂執公焉。召士匄。士匄辭。辭不往召韓厥。韓厥辭。曰。昔吾畜於趙氏。孟姬之讒。吾能違兵畜。養也。違。去也。韓厥少爲趙盾所待養。及孟姬之亂。晉將討趙氏。而厥去其兵。示不與黨。言此者明己無所偏助。孟姬亂在八年。○去起呂反古人有言曰。殺老牛莫之敢尸。而況君乎。二三子不能事君。焉用厥也尸。主也。○焉於虔反舒庸人以楚師之敗也敗於鄢陵。舒庸。東夷國道吳人圍巢。伐駕。圍釐虺。巢。駕。

釐虺。楚四邑。虺以鬼反遂恃吳而不設備。楚公子橐師襲舒庸。滅之。閏月乙卯晦。欒書中行偃殺胥童。以其劫己故。橐他洛反民不與郤氏。胥童道君為亂。故皆書曰晉殺其大夫。厲公以私欲殺三郤。而三郤死不以無罪書。書偃以家怨害胥童。而胥童受國討。文明郤氏失民。胥童道亂。宜其為國戮

經十有八年。春王正月。晉殺其大夫胥童。傳在前年。經在今春。從告庚申。晉弒其君州蒲。不稱臣。君無道齊殺其大夫國佐。國武子公如晉。夏。楚子。鄭伯伐宋。

成十八年

宋魚石復入于彭城傳例曰。以惡入也。彭城。宋邑。今彭城縣。○復扶又反公至自晉。晉侯使士匄來聘。秋。杞伯來朝。八月。邾子來朝。築鹿囿。築牆爲鹿苑己丑。公薨于路寢。冬。楚人。鄭人。侵宋。子重先遣輕軍侵宋。故稱人而不言伐。○輕遣政反晉侯使士魴來乞師。○魴音房十有二月。仲孫蔑會晉侯。宋公。衛侯。邾子。齊崔杼同盟于虛朾。虛朾。地闕。○虛起居反。朾他丁反丁未。葬我君成公

傳。十八年。春。王正月。庚申。晉欒書。中行偃使

程滑弑厲公程滑。晉大夫葬之于翼東門之外。以車一乘言不以君禮葬。諸侯葬車七乘使荀罃士魴逆周子于京師而立之悼公周生十四年矣。大夫逆于清原。周子曰。孤始願不及此。雖及此。豈非天乎言有命抑人之求君。使出命也。立而不從。將安用君。二三子用我今日。否亦今日。共而從君。神之所福也。傳言其少有才。所以能自固。少詩照反對曰。羣臣之願也。敢不唯命是聽。庚午。盟而入與諸大夫盟。館于伯子同氏。晉大夫家。館，舍也。辛巳，朝于武宮。武公，曲沃始命君。逐不臣者七人。夷羊五之屬。周子有兄而無慧，不能辨菽麥，故不可立。菽，大豆也。豆麥殊形易別。故以爲癡者之候。不慧，蓋世所謂白癡。○菽音叔。齊爲慶氏之難，前年國佐殺慶克。○爲，于僞反。故甲申晦，齊侯使士華免以戈殺國佐于內宮之朝。華免，齊大夫。內宮，夫人宮。師逃于夫人之宮。伏兵內宮。恐不勝。書曰「齊殺其大夫國佐」，弃命專殺，以穀叛故也。國佐本疾淫亂，殺慶克。齊以是討之，嫌其罪不及死。故傳明言其三罪使清人殺國勝勝。國佐子。前年待命于清者國弱來奔弱。勝之弟王湫奔萊湫。國佐黨。○湫子小反萊音來慶封爲大夫慶佐爲司寇封。佐皆慶克子既齊侯反國弱使嗣國氏禮也佐之罪不及不祀二月乙酉朔晉悼公即位于朝朝廟五日而即位也。厲公殺絕。故悼公不以嗣子居喪。○殺音弑始命百官始爲政施舍已責施恩惠。舍勞役。止逋責。○施舍如字。一始豉反逮鰥寡惠及微振廢滯起舊德匡乏困。救災患匡亦救也禁淫慝薄賦斂宥罪戾。宥。寬也。○戾力

計反 節器用節。省也 時用民使民以時 欲無犯時不縱私欲

使魏相士魴魏頡趙武為卿相。魏錡子。魴。士會子。頡。魏顆子。武。趙朔子。此四人。其父祖皆有勞於晉國。相息亮反。頡戶結反 荀家荀會。欒黶韓無忌為公族大夫。使訓卿之子弟共儉孝弟。無忌。韓厥子。弟音悌 使士渥濁為大傅。使脩范武子之法。渥濁。士貞子。武子為景公大傅 右行辛為司空。使脩士蔿之法。辛將右行。因以為氏。士蔿。獻公司空也 弁糾御戎。校正屬焉。弁糾。欒糾也。校正主馬官。弁皮彥反。校戶孝反 使訓

諸御知義。戎士尚節義。荀賓爲右。司士屬焉。司士車右之官。使訓勇力之士時使。勇力皆車右也。勇力多不順命。故訓之以共時之使。○共音恭。卿無共御。立軍尉以攝之。省卿戎御。令軍尉攝御而已。祁奚爲中軍尉。羊舌職佐之。魏絳爲司馬。魏犨子也。張老爲候奄。鐸遏寇爲上軍尉。籍偃爲之司馬。偃。籍談父。爲上軍司馬。○遏於葛反。又音謁。使訓卒乘。親以聽命。相親以聽上命。程鄭爲乘馬御。六騶屬焉。使訓羣騶知禮。程鄭。荀氏别族。乘馬御。乘車之僕也。六騶。六閑之騶。

周禮。諸侯有六閑馬。乘車尚禮容。故訓羣騶使知禮。○騶側留反凡六官之長皆民譽也大國三卿。晉時置六卿爲軍帥。故揔舉六官。則知羣官無非其人。○長丁丈反舉不失職。官不易方官守其業。無相踰易爵不踰德量德授爵師不陵正。旅不偪師正。軍將。命卿也。師。二千五百人之帥也。旅。五百人之帥也。言上下有禮。不相陵偪民無謗言。所以復霸也此以上通言悼公所行。未必皆在即位之年。○復扶又反公如晉朝嗣君也。夏六月。鄭伯侵宋。及曹門外曹門。宋城門遂會楚子伐宋。取朝郟。楚子辛。鄭皇辰。侵城郜。取幽丘。同伐彭城朝郟。城郜。幽丘。皆宋邑。○取朝如字郟古洽反郜古報反納宋魚石。向爲人。鱗朱。向帶。魚府焉五子以十五年出奔楚。獨書魚石。爲帥。告以三百乘戍之而還書曰復入惡其依阻大國。以兵威還。故書復入凡去其國國逆而立之曰入謂本無位。紹繼而立復其位曰復歸亦國逆○復歸。音服。一扶又反諸侯納之曰歸謂諸侯以言語告請而納之。有位無位皆曰歸以惡曰復入謂身爲戎首。稱兵入伐。害國殄民者也。此四條所以明外內之援。辨逆順之辭。通君臣取國有家之大例。○復扶又反宋人患之西鉏吾曰。何也西鉏吾。宋大夫。○吾音魚若楚人與吾同惡。以德於我。吾固事之也。不敢貳矣惡。謂魚石大國無厭。鄙我猶憾言已事之。則以我爲鄙邑。猶恨不足。此吾患也。○厭於鹽反不然。而收吾憎。使贊其政謂不同惡魚石。而用之使佐政以閒吾釁。亦吾患也。今將崇諸侯之姦。而披其地崇。長也。謂楚今取彭城以封魚石。披猶分也。○閒如字。又去聲。披普彼反。長丁丈反以塞夷庚夷庚。吳晉往來之要道。楚封魚石於彭城。欲以絶吳晉之道逞姦而攜服。毒諸侯而懼吳晉隔吳晉之道。故懼。攜離也。

吾庸多矣。非吾憂也。且事晉何爲。晉必恤之言宋常事晉何爲。顧有此患難公至自晉。晉范宣子來聘。且拜朝也拜謝公朝君子謂晉於是乎有禮有卑讓之禮

秋。杞桓公來朝。勞公。且問晉故。公以晉君語之語其德政。○勞力報反。語魚據反杞伯於是驟朝于晉。而請爲昏爲平公不徹樂張本

七月。宋老佐華喜圍彭城。老佐卒焉言所以不克彭城

八月。邾宣公來朝。即位而來見也。○見賢遍反

築鹿囿。書不時也非土功時

己

丑。公薨于路寢。言道也在路寢。得君薨之道冬。十一月。楚子重救彭城。伐宋。使偏師與鄭人侵宋。子重爲後鎮宋華元如晉告急。韓獻子爲政於是欒書卒。韓厥代將中軍曰。欲求得人。必先勤之勤恤其急成霸安彊。自宋始矣。晉侯師于台谷以救宋台谷。地闕。台勑才反。一音臺遇楚師於靡角之谷。楚師還畏晉強也。靡角。宋地晉士魴來乞師將救宋季文子問師數於臧武仲武仲。宣叔之子對曰。伐鄭之役。知伯實來。下軍之佐也知伯。

荀罃令彘季亦佐下軍彘季。士魴。（彘）直例反。如伐鄭可也伐鄭在十七年事大國無失班爵而加敬焉禮也。從之從武仲言十二月孟獻子會于虛朾謀救宋也。宋人辭諸侯。而請師以圍彭城不敢煩諸侯。故但請師。為[illegible]彭城[illegible]孟獻子請于諸侯。而先歸會葬。丁未。葬我君成公。書順也薨于路寢。五月而葬。國家安靜。世適承嗣。故曰書順也

春秋經傳集解成公下第十三



舉人臣陳袒敬書

春秋卷十三考證

十五年傳楚將北師註鄭侵衛。案鄭衛俱在楚北故註言楚將北師是侵鄭衛原本鄭字訛刊侵字上依殿本改正

十六年傳蓐食申禱。禱恐禱誤說文禱告事求福也从示壽聲原本从禾無此字

使立于高國之間。閣本及林氏直解本作高固非案二守國高明是二卿若作高固則間字無着

十七年傳施氏卜宰註卜立家宰。案施孝叔魯大夫不得有家宰家字當係家字之訛依殿本改正

楚公子橐師襲舒庸。○橐諸本作櫜而音義又俱作他洛反夫他洛則宜橐矣若櫜則唐韻古勞反也

十八年傳納宋魚石向爲人鱗朱向帶魚府註獨書魚石爲帥告。○案五子同時納歸而經獨書魚石故註言因石爲帥是以來告其餘不告則不書也　殿本閣本作爲師義無所取

春秋經傳集解襄公一第十四

襄公名午，成公子。母定姒。謚法：因事有功曰襄，辟土有德曰襄。

盡九年

經元年春王正月，公即位。無傳。於是公年四歲。仲孫蔑會晉欒黶、宋華元、衛甯殖、曹人、莒人、邾人、滕人、薛人圍宋彭城。魯與謀於虛朾，而書會者，稟命霸主，非匹敵故。（與）音預。夏，晉韓厥帥師伐鄭，仲孫蔑會齊崔杼、曹人、邾人、杞人次于鄫。鄫，鄭地，在陳留襄邑縣東南。書次，兵不加鄭。次

乾隆四十八年二月恭校

鄫以待晉師○鄫才陵反秋楚公子壬夫帥師侵宋。九月
辛酉。天王崩無傳。辛酉。九月十五日邾子來朝。冬。衛侯
使公孫剽來聘剽。子叔黑背子○剽四妙反晉侯使荀罃
來聘冬者。十月初也。王崩。赴未至。皆未聞喪。故各得行朝聘之禮。而傳善之
傳元年春。己亥。圍宋彭城下有二月。則此己亥為正月。正月無
己亥。日誤非宋地。追書也成十八年。楚取彭城以封魚石。故曰非宋地。夫
子治春秋。追書繫之宋於是為宋討魚石。故稱宋。且不
登叛人也登。成也。不與其專邑叛君。故使彭城還繫宋謂之宋志

稱宋。亦以成宋志彭城降晉。晉人以宋五大夫在彭城者歸。寘諸瓠丘彭城降不書。賤略之。瓠丘晉地。河東東垣縣東南有壺丘。五大夫。魚石。向爲人。鱗朱。向帶。魚府。降戶江反。瓠侯吳反。一戶故反齊人不會彭城。晉人以爲討。二月。齊大子光爲質於晉光齊靈公大子夏五月。晉韓厥荀偃帥諸侯之師伐鄭。入其郛荀偃不書。非元帥。郛芳夫反敗其徒兵於洧上徒兵。步兵。洧水出密縣。東南至長平入潁。洧于軌反於是東諸侯之師次于鄫。以待晉師齊。魯。曹。邾。杞晉師自鄭以鄫之師侵楚焦夷及陳。於是孟獻子自鄫先歸，不與侵陳楚，故不書。○焦如字。又在堯反。晉侯衛侯次于戚，以爲之援。爲韓厥援。秋，楚子辛救鄭，侵宋呂留。呂、留二縣，今屬彭城郡。鄭子然侵宋，取犬丘。譙國酇縣東北有犬丘城。迂迴疑。○酇才河反。又子旦反。迂音于。九月，邾子來朝，禮也。邾宣公。冬，衛子叔、晉知武子來聘，禮也。凡諸侯即位，小國朝之，小事大。大國聘焉，大字小。以繼好、結信、謀事、補闕，禮之大者也。闕猶過也。禮以安國家、利民人爲大。

經二年春王正月葬簡王〔無傳五月而葬速〕鄭師伐宋〔書伐從告〕夏五月庚寅夫人姜氏薨六月庚辰鄭伯睔卒〔未與襄同盟而赴以名庚辰七月九日書六月經誤○睔古困反又胡忖反〕晉師宋師衛甯殖侵鄭〔宋雖非卿師重故敘衛上〕秋七月仲孫蔑會晉荀罃宋華元衛孫林父曹人邾人于戚己丑葬我小君齊姜〔齊謚也三月而葬速○齊如字執心克莊曰齊〕叔孫豹如宋〔豹於此始自齊還爲卿〕冬仲孫蔑會晉荀罃齊崔杼宋華元衛孫林父曹

人。邾人。滕人。薛人。小邾人。于戚。遂城虎牢以偪鄭

楚殺其大夫公子申

傳。二年。春。鄭師侵宋。楚令也以彭城故齊侯伐萊。萊人使正輿子賂夙沙衛以索馬牛。皆百匹夙沙衛。齊寺人。索。簡擇好者。○索所白反齊師乃還。君子是以知齊靈公之爲靈也謚法。亂而不損曰靈。言謚應其行夏。齊姜薨。初。穆姜使擇美檟檟。梓之屬。○檟古雅反以自爲櫬與頌琴櫬。棺也。頌琴。琴名。猶言雅琴。皆欲以送終。○櫬初覲反季文子

取以葬。君子曰。非禮也。禮無所逆。婦養姑者也。虧姑以成婦。逆莫大焉。穆姜。成公母。齊姜。成公婦。○養余亮反詩曰。其惟哲人。告之話言。順德之行。詩大雅。哲知也。話。善也。言知者行事無不順。○話戶怪反知音致季孫於是爲不哲矣。言逆德且姜氏。君之妣也。襄公適母。故曰君之妣詩曰。爲酒爲醴。烝畀祖妣。以洽百禮。降福孔偕。詩周頌。烝。進也。畀。與也。偕。徧也。言敬事祖妣。則鬼神降福。季孫葬姜氏不以禮。是不敬祖妣齊侯使諸姜宗婦來送葬宗婦。同姓大夫之婦。婦人越疆送葬。非禮。召萊子。萊子不會。故晏弱城東陽以偪之（爲六年滅萊傳。東陽。齊竟上邑）鄭成公疾。子駟請息肩於晉（欲辟楚役。以負擔喻。○擔都暫反）公曰。楚君以鄭故親集矢於其目（謂鄢陵戰。晉射楚王目。○射食亦反）非異人任。寡人也（言楚子任此患。不爲他人。蓋在己。○非異人任。絕句。任音壬。一讀至人字絕句）若背之。是弃力與言。其誰暱我（言。盟誓之言。力。一本作功。○暱女乙反）免寡人。唯二三子。秋七月庚辰。鄭伯睔卒。於是子罕當國（攝君事）子駟爲政（爲政卿）子國爲司馬。晉師侵鄭晉伐喪非禮諸大夫欲從晉子駟曰。官命未改成公未葬。嗣君未免喪。故言未改。不欲違先君意會于戚謀鄭故也鄭久叛晉。謀討之孟獻子曰請城虎牢以偪鄭虎牢舊鄭邑。今屬晉知武子曰善鄫之會吾子聞崔子之言。今不來矣元年。孟獻子與齊崔杼次于鄫。崔杼有不服晉之言。獻子以告知武子滕薛小邾之不至皆齊故也三國。齊之屬寡君之憂不唯鄭言復憂齊叛。○復扶又反。下同罃將復於寡君而請於齊以城事白晉君。而請齊會之。欲以觀齊志得請而告吾子之功也得請謂齊人應命告諸侯會築虎牢若不得請事將在齊將伐齊吾子之請諸侯之福也城虎牢足以服鄭息征伐豈惟寡君賴之傳言荀罃能用善謀

穆叔聘于宋通嗣君也冬復會于戚齊崔武子及滕薛小邾之大夫皆會知武子之言故也武子言事將在齊齊人懼帥小國而會之遂城虎牢鄭人乃成如孟獻子之謀

楚公子申爲右司馬多受小國之賂以偪子重子辛偪奪其權勢楚人殺之故書曰楚

殺其大夫公子申。言所以致國討之文

經三年春楚公子嬰齊帥師伐吴。公如晉。夏四月壬戌公及晉侯盟于長樗。晉侯出其國都與公盟于外。樗勑居反

公至自晉。無傳。不以長樗至。本非會

六月公會單子、晉侯、宋公、衛侯、鄭伯、莒子、邾子、齊世子光。己未同盟于雞澤。雞澤在廣平曲梁縣西南。周靈王新即位。使王官伯出與諸侯盟以安王室。故無譏

陳侯使袁僑如會。陳疾楚政而來屬晉。本非召會而自來。故言如會

戊寅叔孫豹及諸侯之大夫。

及陳袁僑盟諸侯既盟。袁僑乃至。故使大夫別與之盟。言諸侯之大夫。則在雞澤之諸侯也。殊袁僑者。明諸侯大夫所以盟。盟袁僑也。據傳盟在秋。長曆推戊寅。七月十三日。經誤秋公至自會無傳冬晉荀罃帥師伐許。

傳三年春楚子重伐吳爲簡之師簡選練克鳩茲至于衡山鳩茲。吳邑。在丹陽蕪湖縣東。今臯夷也。衡山在吳興烏程縣南使鄧廖帥組甲三百被練三千組甲。被練。皆戰備也。組甲。漆甲成組文。被練。練袍。○廖力彫反組音祖被去聲以侵吳吳人要而擊之獲鄧廖其能免者組甲八十被練三百

而已子重歸既飲至三日吳人伐楚取駕駕
良邑也鄧廖亦楚之良也君子謂子重於是
役也所獲不如所亡當時君子（要）於遙反○楚人以是
咎子重子重病之遂遇心疾而卒憂恚故成心疾公
如晉始朝也公即位而朝夏盟於長樗孟獻子相
公稽首相儀也稽首首至地知武子曰天子在而君辱
稽首寡君懼矣稽首事天子之禮孟獻子曰以敝邑
介在東表密邇仇讎仇讎謂齊楚與晉爭寡君將君是

望。敢不稽首（傳言獻子能固事盟主）晉爲鄭服故。且欲脩吳好（鄭服在前年）將合諸侯。使士匄告于齊曰。寡君使匄以歲之不易。不虞之不戒。寡君願與一二兄弟相見（不易。多難也。虞。度也。戒。備也。列國之君。相謂兄弟。○易以豉反）以謀不協。請君臨之。使匄乞盟。齊侯欲勿許。而難爲不協。乃盟於耏外（與士匄盟。耏水名。○耏音而）祁奚請老（老。致仕）晉侯問嗣焉（嗣。續其職者）稱解狐。其讎也。將立之而卒（解狐卒。○解音蟹）又問焉。對曰午也可（午，祁奚子。）於是羊舌職死矣。晉侯曰：孰可以代之？對曰：赤也可。（赤，職之子伯華。）於是使祁午爲中軍尉，羊舌赤佐之。（各代其父。）君子謂祁奚於是能舉善矣。稱其讎，不爲諂；立其子，不爲比；舉其偏，不爲黨。（諂，媚也。偏，屬也。○諂，他檢反。比，毗志反。）商書曰：無偏無黨，王道蕩蕩。（商書，洪範也。蕩蕩，平正無私。）其祁奚之謂矣。解狐得舉，（未得位，故曰得舉。）祁午得位，伯華得官，建一官而三物成，（一官，軍尉。物，事也。）能舉善也。

夫唯善故能舉其類詩云惟其有之是以似之祁奚有焉詩小雅。言唯有德之人能舉似己者也。○夫音扶。絕句。一讀夫爲下句首六月公會單頃公及諸侯己未同盟于雞澤單頃公。王卿士。○頃音傾晉侯使荀會逆吳子于淮上吳子不至道遠多難楚子辛爲令尹侵欲於小國陳成公使袁僑如會求成患楚侵欲。袁僑濤塗四世孫晉侯使和組父告于諸侯告陳服秋叔孫豹及諸侯之大夫及陳袁僑盟陳請服也其君不來。使大

夫盟之。匹敵之宜

晉侯之弟揚干。亂行於曲梁行。陳次。

(行)戶郎反。注同(陳)直覲反

魏絳戮其僕僕。御也

晉侯怒。謂羊舌赤曰。合諸侯。以為榮也。揚干為戮。何辱如之。必殺魏絳。無失也。對曰。絳無貳志。事君不辟難。有罪不逃刑。其將來辭。何辱命焉。言終。魏絳至。授僕人書。僕人。晉侯御僕

將伏劍。士魴張老止之。公讀其書曰。日君乏使。使臣斯司馬斯此也

臣聞師眾以順為武順。莫敢違

軍事有死無犯

爲敬守官行法雖死不敢有違君合諸侯臣敢不敬君師不武執事不敬罪莫大焉臣懼其死以及揚干無所逃罪懼自犯不武不敬之罪不能致訓至於用鉞用鉞斬揚干之僕臣之罪重敢有不從以怒君心言不敢不從戮請歸死於司寇致尸於司寇使戮之公跣而出曰寡人之言親愛也吾子之討軍禮也寡人有弟弗能教訓使干大命寡人之過也子無重寡人之過聽絳死爲重過敢以爲請請使無死晉侯以

魏絳爲能以刑佐民矣反役與之禮食使佐新軍羣臣旅會今欲顯絳故特爲設禮食○食音嗣又如字張老爲中軍司馬代魏絳士富爲候奄代張老士富士會別族楚司馬公子何忌侵陳陳叛故也許靈公事楚不會于雞澤冬晉知武子帥師伐許

經四年春王三月己酉陳侯午卒前年大夫盟雞澤三月無己酉日誤夏叔孫豹如晉秋七月戊子夫人姒氏薨成公妾襄公母姒杞姓葬陳成公無傳八月辛亥葬

我小君定姒無傳定謚也赴同祔姑反哭成喪皆以正夫人禮母以子貴踰
月而葬速冬公如晉陳人圍頓
傳四年春楚師爲陳叛故猶在繁陽前年何忌之師
侵陳今猶未還繁陽楚地在汝南鮦陽縣南○鮦音紂一音童韓獻子患之
言於朝曰文王帥殷之叛國以事紂唯知時
也知時未可爭今我易之難哉晉力未能服楚受陳爲非時三
月陳成公卒楚人將伐陳聞喪乃止軍禮不伐喪
陳人不聽命不聽楚命臧武仲聞之曰陳不服於

襄四年

楚必亡。大國行禮焉而不服。在大猶有咎。而況小乎。夏楚彭名侵陳。陳無禮故也爲下陳圍頓傳穆叔如晉。報知武子之聘也武子聘在元年晉侯享之。金奏肆夏之三。不拜肆夏。樂曲名。周禮。以鐘鼓奏九夏。其二曰肆夏。一名樊。三曰韶夏。一名遏。四曰納夏。一名渠。蓋擊鍾而奏此三夏曲。夏戶雅反工歌文王之三。又不拜工。樂人也。文王之三大雅之首。文王大明緜歌鹿鳴之三。三拜小雅之首。鹿鳴四牡。皇皇者華韓獻子使行人子員問之行人。通使之官。員音云使所吏反曰。子以君命辱於敝邑。先君之禮。藉之以樂。以辱吾子。藉。薦也。○[藉]在夜反 吾子舍其大而重拜其細。敢問何禮也。對曰。三夏。天子所以享元侯也。使臣弗敢與聞。元侯。牧伯。○[舍]音捨 文王。兩君相見之樂也。臣不敢及。及。與也。文王之三。皆稱文王之德。受命作周。故諸侯會同以相樂。○相[樂]音洛 鹿鳴。君所以嘉寡君也。敢不拜嘉。晉以叔孫爲嘉賓。故歌鹿鳴之詩。取其我有嘉賓。叔孫奉君命而來。嘉叔孫。乃所以嘉魯君 四牡。君所以勞使臣也。敢不重拜。詩言使臣乘四牡。騑騑然行不止。勤勞也。晉以叔孫來聘。故以此勞之。○勞力報反。勤勞平聲。騑芳非反皇皇者華。君教使臣曰。必諮於周皇皇者華。君遣使臣之詩。言忠臣奉使。能光輝君命。如華之皇皇然。又當諮于忠信。以補己不及。忠信爲周。其詩曰。周爰諮諏。周爰諮謀。周爰諮度。周爰諮詢。言必於忠信之人。諮此四事。○諏子須反。度待洛反。下同臣聞之。訪問於善爲咨問善道咨親爲詢問親戚之義咨禮爲度問禮宜咨事爲諏問政事咨難爲謀問患難。○難乃旦反臣獲五善。敢不重拜五善。謂諮詢度諏謀

秋。定姒薨。不殯于廟。無櫬。不虞櫬。親身棺。季孫以定姒本

戚。既無器備。議其喪制。欲殯不過廟。又不反哭。○過古禾反匠慶謂季文子匠慶。魯大匠曰子爲正卿而小君之喪不成謂如季孫所議。則爲夫人禮不成不終君也慢其母。是不終事君之道君長。誰受其咎言襄公長。將責季孫。○長丁丈反初季孫爲己樹六檟於蒲圃東門之外蒲圃。場圃名。季文子樹檟。欲自爲櫬匠慶請木爲定姒作櫬季孫曰略不以道取爲略匠慶用蒲圃之檟。季孫不御御。止也。傳言遂得成禮。故經無異文。○御魚呂反君子曰。志所謂多行無禮必自及也。其是之謂乎。冬。公如晉聽政受貢賦多少之政晉侯享公。公請屬鄫鄫。小國也。欲得使屬魯。如須句顓臾之比。使助魯出貢賦。公時年七歲。蓋相者爲之言。鄫。今琅邪鄫縣晉侯不許。孟獻子曰以寡君之密邇於仇讎。而願固事君。無失官命晉官徵發之命鄫無賦於司馬晉司馬又掌諸侯之賦爲執事朝夕之命。敝邑。敝邑褊小。闕而爲罪。闕。不共也。○共音恭寡君是以願借助焉。借鄫以自助。○借子亦反晉侯許之。爲明年叔孫豹。鄫世子巫如晉傳楚人使頓閒陳而侵伐之。故陳人圍頓閒。伺閒缺○閒去聲伺音司閒音閑。又去聲無終子嘉父使孟樂如晉無終。山戎國名。孟樂。其使臣因魏莊子納虎豹之皮以請和諸戎欲戎與晉和。莊子。魏絳晉侯曰。戎狄無親而貪。不如伐之。魏絳曰。諸侯新服。陳新來和。將觀於我。我德則睦。否則攜貳。勞師於戎。而楚伐陳。必弗能救。是弃陳也。諸華必叛諸華。中國戎禽獸也。獲戎失華。無乃不可乎。夏訓有之曰。有窮后羿。夏訓。夏書。有窮。國名。后。君也。羿。有窮君之號公曰。后羿何如怪其言不次。故問之對曰。昔有夏之方衰也。后羿自鉏遷于窮石。因夏民以代夏政禹孫大康。淫放失國。夏人立其弟仲康。仲康亦微弱。仲康卒。子相立。羿遂代相。號曰有窮。鉏。羿本國名恃其射也羿善射不脩民事而淫于原獸淫放原野弃武羅伯因熊髠尨圉四子皆羿之賢臣。髠苦門反。尨莫邦反。圉魚呂反而用寒浞寒浞伯明氏之讒子弟也寒。國。北海平壽縣東有寒亭。伯明其君名。浞仕角反。又在角反伯明后寒弃之夷羿收之夷氏信而使之以爲己相浞行媚于內內，宮人。而施賂于外，愚弄其民欺罔之。而虞羿于田樂之以遊田。樂音洛。下樂安同。樹之詐慝以取其國家樹，立也。外內咸服信浞詐。羿猶不悛悛，改也。悛七全反。將歸自田羿獵還。家衆殺而亨之，以食其子食羿子。亨普彭反。食音嗣。其子不忍食諸，死于窮門殺之於國門。靡奔有鬲氏靡，夏遺臣事羿者。有鬲，國名。今平原鬲縣。鬲音革。浞因羿室就其妃妾。生澆及豷，恃其讒慝詐僞而不德于民，使澆用師滅斟灌及斟尋氏二國。夏同姓諸侯。仲康之子后相所依。樂安壽光縣東南有灌亭。北海平壽縣東南有斟亭。○澆五弔反　豷許器反處澆于過處豷于戈過。戈皆國名。東萊掖縣北有過鄉。戈在宋鄭之閒。○過古禾反靡自有鬲氏收二國之燼燼。遺民。○燼才刃反以滅浞而立少康少康。夏后相之子。少康滅澆于過后杼滅豷于戈后杼。少康子。○杼直呂反有窮由是遂亡失人故也浞因羿室。故不改有窮之號

昔周辛甲之為大史也命百官官箴王闕辛甲。周武王大史。闕。過也。使百官各為箴辭。戒王過於虞人之箴虞人。掌田獵

曰芒芒禹迹畫爲九州芒芒遠貌畫分也經啓九道啓開九州之道民有寢廟獸有茂草各有攸處德用不擾人神各有所歸故德不亂○處如字在帝夷羿冒于原獸冒貪也忘其國恤而思其麀牡言但念獵武不可重重猶數也用不恢于夏家羿以好武雖有夏家而不能恢大之獸臣司原敢告僕夫獸臣虞人告僕夫不敢斥尊虞箴如是可不懲乎於是晉侯好田故魏絳及之及后羿事公曰然則莫如和戎乎對曰和戎有五利焉戎

狄荐居貴貨易土荐聚也易猶輕也○(荐)在薦反(易)以豉反土可賈焉一也邊鄙不聳民狎其野穡人成功二也聳懼狎習也○(賈)音古戎狄事晉四鄰振動諸侯威懷三也以德綏戎師徒不勤甲兵不頓四也頓壞也鑒于后羿而用德度以后羿爲鑒戒遠至邇安五也君其圖之公說使魏絳盟諸戎脩民事田以時傳言晉侯能用善謀冬十月邾人莒人伐鄫臧紇救鄫侵邾敗於狐駘臧紇武仲也鄫屬魯故救之狐駘邾地魯

乾隆四十八年

國蕃縣東南有目台亭○紇恨發反駘徒來反又勑才反國人逆喪者皆髽魯於是乎始髽髽麻髮合結也遭喪者多故不能備凶服髽而已○髽側瓜反結音計國人誦之曰臧之狐裘敗我於狐駘臧紇時服狐裘我君小子朱儒是使朱儒朱儒使我敗於邾襄公幼弱故曰小子臧紇短小故曰朱儒敗不書魯人諱之

經五年春公至自晉夏鄭伯使公子發來聘發子產父叔孫豹鄫世子巫如晉比魯大夫故書巫如晉仲孫蔑衛孫林父會吳于善道魯衛俱受命於晉故不言及吳

先枉善道。二大夫往會之。故曰會吳。善道。地闕秋。大雩。楚殺其大夫公子壬夫書名。罪其貪公會晉侯、宋公、陳侯、衛侯、鄭伯、曹伯、莒子、邾子、滕子、薛伯、齊世子光、吳人、鄫人于戚穆叔使鄫人聽命于會。故鄫見經。不復殊吳者。吳來會于戚

公至自會無傳

冬。戍陳諸侯在戚會。皆受命戍陳。各還國遣戍。不復有告命。故獨書魯戍

楚公子貞帥師伐陳。公會晉侯、宋公、衛侯、鄭伯、曹伯、齊世子光。救陳。十有二月。公至自救陳無傳

辛未。季孫行父卒。

傳五年春公至自晉公在晉既聽屬鄫聞其見伐遂命臧紇出救故傳稱經公至以明之王使王叔陳生愬戎于晉王叔周卿士也戎陵虢周室故告愬於盟主○虢白報反晉人執之士魴如京師言王叔之貳於戎也王叔反有二心於戎失奉使之義故晉執之

夏鄭子國來聘通嗣君也鄭僖公初即位穆叔覿鄫大子于晉以成屬鄫覿見也前年請屬鄫故將鄫大子巫如晉以成之○見賢遍反書曰叔孫豹鄫大子巫如晉言比諸魯大夫也豹與巫俱受命於魯故經不書及比之魯大夫吳子使壽

越如晉壽越。吳大夫辭不會于雞澤之故三年會雞澤。吳不至。今來謝之且請聽諸侯之好更請會晉人將爲之合諸侯使魯衛先會吳。且告會期以其道遠。故使魯衛先告期。爲于僞反故孟獻子孫文子會吳于善道二子皆受晉命而行秋。大雩。旱也雩。夏祭。所以祈甘雨。若旱則又脩其禮。故雖秋雩。非書過也。然經與過雩同文。是以傳每釋之曰。旱也。雩而獲雨。故書雩而不書旱楚人討陳叛故討。治也曰。由令尹子辛實侵欲焉。乃殺之。書曰。楚殺其大夫公子壬夫。貪也。君子謂楚共王於是不刑陳之叛楚。罪在子辛。共王既不能素明法敎。陳叛之日。又不能嚴斷威刑。以謝小國。而擁其罪人。興兵致討。加禮於陳。而陳恨彌篤乃怨而歸罪子辛。子辛之貪。雖足以取死。然共王用刑爲失其節。故言不刑詩曰。周道挺挺。我心扃扃。講事不令。集人來定。逸詩也。挺挺。正直也。扃扃。明察也。講。謀也。言謀事不善。當聚致賢人以定之。扃工迥反已則無信。而殺人以逞。不亦難乎。共王伐宋封魚石。背盟敗于鄢陵。殺子反。公子申。及壬夫。八年之中。戮殺三卿。欲以屬諸侯。故君子以爲不可夏書曰。成允成功。亦逸書也。允。信也。言信成成然後有成功九月丙午。盟于戚。會吳。且命戍陳也。公及其會。而不書盟。非公後會。蓋不以盟告廟。穆叔以屬鄫爲不利。使鄫大夫聽命于會。鄫近魯竟。故欲以爲屬國。旣而與莒有忿。魯不能救。恐致譴責。故復乞還之。傳言鄫人所以見於戚會。○復扶又反。見賢遍反。楚子囊爲令尹。公子貞。范宣子曰。我喪陳矣。楚人討貳。而立子囊。必改行。改子辛所行。○喪息浪反。行如字。又下孟反。而疾討陳。疾。急也。陳近於楚。民朝夕急。能無往乎。有陳非吾事也。無之而後可。言晉力不能及陳。故七年。陳侯逃歸。冬。諸侯戍陳。楚子囊伐陳。十一月甲午。會于城棣以救之。公及救陳。而不及會。故不書城棣。城棣。鄭地。陳留酸棗縣西南有棣城。○棣力計反。一徒妹反

季文子卒。大夫入斂。公在位。在阼階西鄉宰庀家器為葬備。庀。具也。○庀匹婢反無衣帛之妾。無食粟之馬。無藏金玉。無重器備。器備。謂珍寶甲兵之物。○衣於既反。食如字。又音嗣重如字。又直龍反君子是以知季文子之忠於公室也。相三君矣。而無私積。可不謂忠乎。○積子賜反

經六年春王三月壬午杞伯姑容卒夏宋華弱來奔華椒孫秋葬杞桓公無傳滕子來朝莒人滅鄫冬叔孫豹如邾季孫宿如晉行父之子十有二月齊侯滅萊書十二月從告

傳六年春杞桓公卒始赴以名同盟故也杞入春秋未嘗書名桓公三與成同盟故赴以名宋華弱與樂轡少相狎長相優又相謗也狎親習也優調戲也少詩照反長丁丈反子蕩怒以弓梏華弱于朝子蕩樂轡也張引以貫其頸若械之

在手。故曰梏。平公見之曰。司武而梏於朝。難以勝矣。司武。司馬。言其懦弱不足以勝敵。○梏古毒反。懦乃亂反。又乃臥反。遂逐之。

夏。宋華弱來奔。司城子罕曰。同罪異罰。非刑也。專戮於朝。罪孰大焉。亦逐子蕩。子蕩射子罕之門。曰。幾日而不我從。言我射女門。女亦當以不勝任見逐。○射食亦反。子罕善之如初。言子罕雖見辱。不追忿。所以得安。

秋。滕成公來朝。始朝公也。莒人滅鄫。鄫恃賂也。鄫有貢賦之賂在魯。恃之而慢莒。故滅之。

冬。穆叔如邾聘。且脩平。

平四年狐駘戰晉人以鄫故來討曰何故亡鄫鄫屬魯恃賂而慢莒魯不致力輔助無何以還晉尋便見滅故晉責魯季武子如晉見且聽命始代父爲卿見大國且謝亡鄫聽命受罪十一月齊侯滅萊萊恃謀也賂夙沙衛之謀也事在二年於鄭子國之來聘也四月晏弱城東陽而遂圍萊子國聘在五年二年晏弱城東陽至五年四月復託治城因遂圍萊甲寅堙之環城傅於堞堞女墻也堙土山也周城爲土山及女墻○環戶關反又音患傳音附及杞桓公卒之月此年三月乙未王湫帥師及正輿

子、棠人軍齊師。王湫，故齊人，成十八年奔萊。正輿子，萊大夫。棠，萊邑也。北海即墨縣有棠鄉。三人帥別邑兵來解圍。○湫，子小反。齊師大敗之。敗湫等。丁未，入萊。萊共公浮柔奔棠。正輿子、王湫奔莒，莒人殺之。四月，陳無宇獻萊宗器于襄宮。無宇，桓子，陳完玄孫。襄宮，齊襄公廟。晏弱圍棠，十一月丙辰而滅之。遷萊于郳。遷萊子于郳國。○郳，五兮反。高厚、崔杼定其田。定其疆界。高厚，高固子。

經七年，春，郯子來朝。夏四月，三卜郊，不從，乃免牲稱牲既卜日也卜郊又非禮也小邾子來朝城費南遺假事難而城之○費音秘難乃旦反秋季孫宿如衛八月螽無傳為災故書冬十月衛侯使孫林父來聘壬戌及孫林父盟楚公子貞帥師圍陳十有二月公會晉侯宋公陳侯衛侯曹伯莒子邾子于鄬謀救陳陳侯逃歸不成救故不書救也鄬鄭地○鄬于軌反鄭伯髡頑如會未見諸侯丙戌卒于鄵實為子駟所弒以瘧疾赴故不書弒稱名為書卒同盟故也如會會於鄬也未見諸侯未至會所而死鄵鄭地不欲再稱鄭伯故約文上

其名於會上。鄬七報反又采南反爲于僞反陳侯逃歸畏楚逃晉而歸

傳七年春郯子來朝始朝公也夏四月三卜郊不從乃免牲孟獻子曰吾乃今而後知有卜筮夫郊祀后稷以祈農事也郊祀后稷以配天后稷周始祖能播殖者是故啓蟄而郊郊而後耕今既耕而卜郊宜其不從也啓蟄夏正建寅之月耕謂春分。蟄直立反南遺爲費宰費季氏邑叔仲昭伯爲隧正隧正主役徒昭伯叔仲惠伯之孫欲善季氏而求媚於南遺謂遺請城

費使遺請城吾多與而役。故季氏城費。傳言祿去公室。季氏所以強

小邾穆公來朝，亦始朝公也。亦邾子也秋季武子如衛，報子叔之聘，且辭緩報，非貳也。子叔聘在元年。言國家多難。故不時報

冬十月，晉韓獻子告老，公族穆子有廢疾，穆子，韓厥長子成。十八年，爲公族大夫代厥爲卿辭曰：「詩曰：『豈不夙夜，謂行多露。』詩言雖欲早夜而行，懼多露之濡己。義取非禮不可妄行又曰：『弗躬弗親，庶民弗信。』詩小雅。言譏在位者不躬親政事，則庶民不奉信其命。言已有疾。不能躬親政事

無忌不才。讓其可乎。請立起也。無忌，穆子名。起，無忌弟宣子也。與田蘇游，而曰好仁。田蘇，晉賢人。蘇言起好仁。詩曰：靖共爾位，好是正直。神之聽之，介爾景福。靖，安也。介，助也。景，大也。詩小雅。言君子當思不出其位，求正直之人，與之竝立。如是則神明順之，致大福也。恤民爲德，靖共其位。所以恤民。正直爲正，正己心。正曲爲直，正人曲。參和爲仁。德、正、直三者備，乃爲仁。參，七南反，或音三。如是則神聽之，介福降之。立之不亦可乎？言起有此三德，故可立。庚戌，使宣子朝，遂老。韓厥致仕。晉侯謂韓無忌仁使掌公族大夫（爲之師長）衞孫文子來聘且拜武子之言（緩報非貳之言）而尋孫桓子之盟（盟在成三年）公登亦登（禮登階臣後君一等）叔孫穆子相趨進曰諸侯之會寡君未嘗後衞君（敵體竝登）今吾子不後寡君寡君未知所過吾子其少安（安徐也）孫子無辭亦無悛容（悛改也）穆叔曰孫子必亡爲臣而君過而不悛亡之本也詩曰退食自公委蛇委蛇（委蛇順貌詩召南言人臣自公門入私門無不順禮）

謂從者也從順行衡而委蛇必折衡橫也橫不順道必毀折爲十四年林父逐君起本楚子囊圍陳會于鄬以救之晉會諸侯鄭僖公之爲大子也於成之十六年魯成公與子罕適晉不禮焉又與子豐適楚亦不禮焉子豐穆公子及其元年朝于晉鄭僖元年魯襄三年子豐欲愬諸晉而廢之子罕止之及將會于鄬子駟相又不禮焉侍者諫不聽又諫殺之及鄵子駟使賊夜弒僖公而以瘧疾赴于諸侯傳言

經所以不書弒簡公生五年奉而立之僖公子陳人患楚楚圍陳故慶虎慶寅謂楚人曰吾使公子黃往而執之二慶陳執政大夫公子黃哀公弟楚人從之爲執黃二慶使告陳侯于會鄬之會曰楚人執公子黃矣君若不來羣臣不忍社稷宗廟懼有二圖背君屬楚陳侯逃歸鄬會所以不書救

經八年春王正月公如晉夏葬鄭僖公無傳鄭人侵蔡獲蔡公子燮鄭子國稱人刺其無故侵蔡以生國患燮蔡莊

公子季孫宿會晉侯鄭伯齊人宋人衛人邾人于邢丘時公在晉晉悼難勞諸侯唯使大夫聽命故季孫在會而公先歸○難乃旦反公至自晉無傳莒人伐我東鄙秋九月大雩冬楚公子貞帥師伐鄭晉侯使士匃來聘

傳八年春公如晉朝且聽朝聘之數晉悼復脩霸業故朝而稟其多少○復扶又反鄭羣公子以僖公之死也謀子駟子駟先之夏四月庚辰辟殺子狐子熙子侯子丁辟罪也加罪以戮之○先悉薦反辟婢亦反孫擊孫惡

出奔衛（二孫子狐之子）庚寅鄭子國子耳侵蔡獲蔡司馬公子燮（鄭侵蔡欲以求媚於晉子耳子良之子不言敗唯以獲告）鄭人皆喜唯子產不順（子產子國子不順衆而喜）曰小國無文德而有武功禍莫大焉楚人來討能勿從乎從之晉師必至晉楚伐鄭自今鄭國不四五年弗得寧矣子國怒之曰爾何知國有大命而有正卿童子言焉將爲戮矣（大命起師行軍之命）五月甲辰會于邢丘以命朝聘之數使諸侯

之大夫聽命。季孫宿齊高厚宋向戌衛甯殖邾大夫會之晉難重煩諸侯。故使大夫聽命鄭伯獻捷于會。故親聽命獻蔡捷也大夫不書尊晉侯也晉悼復文襄之業。制朝聘之節。儉而有禮。德義可尊。故退諸侯大夫以崇之莒人伐我東鄙。以疆鄫田莒既滅鄫。魯侵其西界。故伐魯東鄙。以正其封疆秋九月大雩旱也。冬。楚子囊伐鄭。討其侵蔡也。子駟子國子耳欲從楚。子孔子蟜子展欲待晉。待晉來救。子孔。穆公子。子蟜。子游子。子展。子罕子。○蟜居表反子駟曰周詩有之曰。俟河之清。人壽幾何逸詩也。言人壽促而河清遲。喻晉之不可待兆云詢多。職競作羅兆卜。詢謀也。職主也。言既卜且謀多。則競作羅網之難。無成功○難乃旦反謀之多族。民之多違族。家也事滋無成滋。益也民急矣。姑從楚以紓吾民。晉師至。吾又從之。敬共幣帛以待來者。小國之道也。犧牲玉帛待於二竟二竟。晉楚界上以待彊者而庇民焉。寇不爲害。民不罷病。不亦可乎。子展曰。小所以事大。信也。小國無信。兵亂日至亡無日矣五會之信謂三年會雞澤五年會戚又會城棣七年會鄬八年會邢丘今將背之雖楚救我將安用之親我無成言失信得楚不足貴鄙我是欲晉親鄭楚欲以鄭爲鄙邑而反欲與成不可從也言子駟不可從不如待晉晉君方明四軍無闕八卿和睦必不棄鄭四軍謂上中下新軍也軍有二卿楚師遼遠糧食將盡必將速歸何患焉舍之聞之舍之子展名杖莫如信完守以老楚杖信以待晉不亦可乎子駟曰詩云謀夫孔

多。是用不集。詩小雅。孔。甚也。集。就也。言人欲爲政。是非相亂而不成。○守手又反。或如字。下守官同發言盈庭。誰敢執其咎。言謀者多。若有不善。無適受其咎。○適丁歷反如匪行邁謀。是用不得于道。匪。彼也。行邁謀。謀於路人也。不得于道。衆無適從請從楚。騑也受其咎。騑。子駟名。○騑芳非反乃及楚平。使王子伯騈告于晉。伯騈。鄭大夫曰。君命敝邑。脩而車賦。儆而師徒。以討亂略。蔡人不從。敝邑之人。不敢寧處。悉索敝賦。索。盡也。○索悉各反。又所百反以討于蔡。獲司馬燮。

獻于邢丘。今楚來討曰。女何故稱兵于蔡。稱舉也焚我郊保郭外曰郊。保守也馮陵我城郭。○馮迫也○馮皮冰反敝邑之衆。夫婦男女不皇啓處。以相救也。遑。暇也。啓。跪也翦焉傾覆。無所控告翦。盡也。控引也民死亡者。非其父兄。即其子弟。夫人愁痛夫人。猶人人也。○夫音扶不知所庇。民知窮困。而受盟于楚。孤也與其二三臣。不能禁止孤。鄭伯不敢不告。知武子使行人子員對之曰。君有楚命見討之命亦不使一介行李告于寡君一介，獨使也。行李，行人也。介，古賀反。獨使，所吏反而即安于楚。君之所欲也，誰敢違君。寡君將帥諸侯以見于城下。唯君圖之爲明年晉伐鄭傳晉范宣子來聘。且拜公之辱謝公此春朝告將用師于鄭。公享之。宣子賦摽有梅摽有梅，詩召南。摽，落也。梅盛極則落。詩人以興女色盛則有衰，衆士求之。宜及其時。宣子欲魯及時共討鄭。取其汲汲相赴季武子曰。誰敢哉言誰敢不從命今譬於草木。寡君在君。君之臭味也言同類歡以承命。何時

之有遲速無時武子賦角弓角弓詩小雅取其兄弟婚姻無相遠矣



賓將出武子賦彤弓彤弓天子賜有功諸侯之詩欲使晉君繼文之業復受彤弓於王宣子曰城濮之役在僖二十八年我先君文公獻功于衡雍受彤弓于襄王以爲子孫藏藏之以示子孫○雍於用反匄也先君守官之嗣也敢不承命言己嗣其父祖爲先君守官不敢廢命欲匡晉君君子以爲知禮彤弓之義義在晉君故范匄受之所謂知禮

經九年春宋災天火曰災來告故書夏季孫宿如晉五

月辛酉夫人姜氏薨（成公母）秋八月癸未葬我小君穆姜（無傳四月而葬速）冬公會晉侯宋公衛侯曹伯莒子邾子滕子薛伯杞伯小邾子齊世子光伐鄭十有二月己亥同盟于戲（伐鄭而書同盟則鄭受盟可知傳言十有一月己亥以長曆推之十二月無己亥經誤戲鄭地○戲許宜反）

楚子伐鄭

傳九年春宋災樂喜爲司城以爲政（樂喜子罕也爲政卿知將有火災素戒爲備火之政）使伯氏司里（伯氏宋大夫司里里宰

火所未至徹小屋。塗大屋大屋難徹就塗之陳畚挶。具綆缶畚。簣籠。挶。土轝。綆。汲索。缶。汲器。○畚音本。草器也。挶九録反。綆古杏反。缶方九反。簣其位反。籠力東反。轝音預備水器盆罌之屬。○罌戶暫反量輕重。計人力所任○任音壬蓄水潦積土塗巡丈城繕守備巡。行也。丈。度也。繕。治也。行。度。守備之處。恐因災有亂。○行下孟反。度待洛反表火道火起則從其所趣標表之使華臣具正徒華臣。華元子。爲司徒。正徒。役徒也。司徒之所主也令隧正納郊保奔火所隧正。官名也。五縣爲隧。納聚郊野保守之民。使隨火所起往救之使華閱討右官。

官庀其司亦華元子。代元爲右師。討，治也。庀，具也。使具其官屬。○庀芳婢反向戌討左。亦如之向戌。左師。使樂遄庀刑器。亦如之樂遄。司寇。刑器。刑書。○遄市專反使皇鄖命校正出馬。工正出車。備甲兵。庀武守皇鄖。皇父充石之後。校正主馬。工正主車。使各備其官。○鄖音云。校戶教反。出如字。又尺遂反使西鉏吾庀府守鉏吾。大宰也。府。六官之典。○吾音魚令司宮巷伯儆宮司宮。奄臣。巷伯。寺人。皆掌宮內之事二師令四鄉正敬享二師。左右師也。鄉正。鄉大夫。享。祀也祝宗用馬于四墉。祀盤庚于西門之外祝。犬祝。宗。宗人。墉城也。用馬祭于四城以禳火。盤庚。殷王。宋之遠祖。城積陰之氣。故祀之。凡天災。有幣無牲。用馬。祀盤庚。皆非禮晉侯問於士弱弱。士渥濁之子莊子曰吾聞之。宋災於是乎知有天道。何故問宋何故自知天道將災對曰古之火正。或食於心。或食於咮。以出內火。是故咮為鶉火。心為大火謂火正之官。配食於火星。建辰之月。鶉火星昏在南方。則令民放火。建戌之月。大火星伏在日下。夜不得見。則令民內火。禁放火。○咮竹又反又丁遘反。出如字。又尺遂反。內如字。又音納。鶉音純陶唐氏之火正閼伯居商丘陶唐堯有天下號。閼伯。高

辛氏之子。傳曰。遷閼伯于商丘。主辰。辰。大火也。今爲宋星。然則商丘在宋地。○閼於葛反

祀大火。而火紀時焉。謂出內火時

相土因之。故商主大火。相土。契孫。商之祖也。始代閼伯之後。居商丘。祀大火。○相息亮反

商人閱其禍敗之釁。必始於火。是以日知其有天道也。閱猶數也。商人數所更歷。恒多火災。宋是殷商之後。故知天道之災必火

公曰。可必乎。對曰。在道。國亂無象。不可知也。言國無道則災變亦殊。故不可必知

夏季武子如晉。報宣子之聘也。宣子聘在八年

穆姜薨於東宮。太子宮也。穆姜淫僑如。欲廢成

公。故從居東宮。事在成十六年始往而筮之。遇艮之八䷳艮下艮上。艮。周禮。大卜掌三易。然則雜用連山歸藏周易。二易皆以七八爲占。故言遇艮之八史曰。是謂艮之隨䷐震下兌上。隨。史疑占易遇八爲不利。故更以周易占。變爻得隨卦而論之隨其出也。史謂隨非閉固之卦君必速出。姜曰。亡亡猶無也。○亡如字。或音無是於周易曰隨元亨利貞無咎易筮皆以變者占。遇一爻變義異。則論彖。故姜亦以彖爲占也。史據周易。故指言周易以折之元體之長也。亨嘉之會也。利義之和也。貞事之幹也。體仁足以長人。嘉德足以合禮。利物足以和義。貞固足以幹事。然故不可誣也。是以雖隨無咎。言不誣四德。乃遇隨无咎。明無四德者。則爲淫而相隨。非吉事今我婦人而與於亂。固在下位。婦人卑於丈夫。與音預而有不仁。不可謂元。不靖國家。不可謂亨。作而害身。不可謂利。弃位而姣。姣。淫之別名。姣戶交反。又如字。又音效不可謂貞。有四德者。隨而無咎。我皆無之。豈隨也哉。我則取惡。能無咎乎。必死於此。弗得出矣。傳言穆姜辯而不德秦景公使士雃乞師于楚。將以伐晉。楚子許之。子囊曰。不可。當今吾不能與晉爭。晉君類能而使之。（隨所能。雃苦田反）舉不失選。（得所選。選息戀反）官不易方。（方猶宜也）其卿讓於善。（讓勝己者）其大夫不失守。（各任其職）其士競於教。（奉上命）其庶人力於農穡。（種曰農。收曰穡）商工皁隸不知遷業。（四民不雜）韓厥老矣。知罃稟焉以爲政。（代將中軍）范匄少於中行偃而上之。使佐中軍。（使匄佐中軍。偃將上軍。少詩照反。中行戶郎反）韓起少於欒黶而欒黶士魴上之使佐上軍黶魴讓起起佐上軍黶將下軍魴佐之黶於斬反魏絳多功以趙武爲賢而爲之佐武新軍將君明臣忠上讓下競尊官相讓勞職力競當是時也晉不可敵事之而後可君其圖之王曰吾既許之矣雖不及晉必將出師秋楚子師于武城以爲秦援秦人侵晉晉饑弗能報也爲十年晉伐秦傳冬十月諸侯伐鄭鄭從楚也庚午季武子齊崔杼宋皇鄖從荀罃士匄門于鄟

門鄭城門也。三國從中軍衞北宮括曹人邾人從荀偃韓起門于師之梁師之梁。亦鄭城門。三國從上軍滕人薛人從欒黶士魴門于北門二國從下軍杞人郳人從趙武魏絳斬行栗二國從新軍。行栗。表道樹。○行如字。道也。甲戌師于氾衆軍還聚氾。氾鄭地。東氾。○氾音凡令於諸侯曰脩器備兵器戰備盛餱糧餱乾食。○盛音成。餱音侯歸老幼示將久師居疾于虎牢諸侯已取鄭虎牢。故使諸軍疾病息其中肆眚圍鄭肆緩也。眚過也。不書圍鄭。逆服不成圍。○眚生領反。又所幸反鄭人恐乃行成與晉成也中行獻子曰。遂圍之以待楚人之救也。而與之戰。不然無成獻子。荀偃也。恐楚救鄭。鄭復屬之知武子曰。許之盟。而還師。以敝楚人也敝。罷吾三分四軍分四軍為三部與諸侯之銳。以逆來者來者。楚也於我未病。楚不能矣晉各一動。而楚三來。故曰不能猶愈於戰勝聚戰暴骨以逞。不可以爭言爭當以謀。不可以暴骨○㬥蒲卜反大勞未艾。君子勞心。小人勞力。先王之制也艾。息也。言當從勞心之勞○艾魚廢反。又五蓋反諸侯皆不欲戰。

乃許鄭成。十一月己亥，同盟于戲，鄭服也。（鄭服。故言同盟。）將盟，鄭六卿公子騑（子駟）、公子發（子國）、公子嘉（子孔）、公孫輒（子耳）、公孫蠆（子蟜。○蠆，勑邁反）、公孫舍之（子展）及其大夫門子皆從鄭伯。（門子，卿之適子。○從，才用反）晉士莊子爲載書，（莊子，士弱。載書，盟書）曰：自今日既盟之後，鄭國而不唯晉命是聽，而或有異志者，有如此盟。（如違盟之罰）公子騑趨進曰：天禍鄭國，使介居二大國之閒，（介，猶閒也）大國不加德音，而亂以要之。謂以兵亂之力强要鄭○要一遙反强其丈反使其鬼神不獲歆其禋祀。其民人不獲享其土利。夫婦辛苦墊隘。無所厎告。墊隘猶委頓。厎。至也。○墊丁念反自今日既盟之後。鄭國而不唯有禮與彊可以庇民者是從。而敢有異志者。亦如之。亦如此盟荀偃曰。改載書。子駟亦以所言載於策。故欲改之公孫舍之曰。昭大神要言焉。要誓以告神若可改也。大國亦可叛也。知武子謂獻子曰。我實不德。而要人以盟。

豈禮也哉。非禮何以主盟。姑盟而退。脩德息師而來。終必獲鄭。何必今日。我之不德。民將弃我。豈唯鄭。若能休和。遠人將至。何恃於鄭。乃盟而還。遂兩用載書晉人不得志於鄭。以諸侯復伐之。十二月。癸亥。門其三門。三門。鄟門。師之梁。北門也。癸亥。月五日。晉果三分其軍。各攻一門。閏月。戊寅。濟于陰阪。侵鄭。以長曆參校上下。此年不得有閏月戊寅。戊寅是十二月二十日。疑閏月當爲門五日。五字上與門合爲閏。則後學者自然轉日爲月。晉人三番四軍。更攻鄭門。門各五日。晉各一攻。鄭三受敵。欲以苦之。癸亥去戊寅十六日。以癸亥始攻。攻輒五日。凡十五日。鄭故不服而去。明日戊寅。濟于陰阪。復侵鄭外邑。陰阪。洧津。○閏月依注讀爲門五日阪音反又扶板反番芳元反更音庚次于陰口而還陰口。鄭地名子孔曰。晉師可擊也。師老而勞。且有歸志。必大克之。子展曰。不可。傳言子展能守信公送晉侯。晉侯以公宴于河上。問公年。季武子對曰。會于沙隨之歲。寡君以生。沙隨在成十六年晉侯曰。十二年矣。是謂一終。一星終也。歲星十二歲而一周天國君十五而生子。冠而生子。禮也。冠。成人之服。故必冠而後生子。○冠古亂反。下同君可以冠矣。大夫盍爲冠具。武子對曰。君冠。必以祼享之禮行之。祼。謂灌鬯酒也。享。祭先君也。○祼古亂反以金石之樂節之。以鍾磬爲舉動之節以先君之祧處之。諸侯以始祖之廟爲祧。○祧他彫反今寡君在行。未可具也。請及兄弟之國。而假備焉。晉侯曰。諾。公還及衛。冠于成公之廟。成公。今衛獻公之曾祖。從衛所處假鍾磬焉。禮也。楚子伐鄭。與晉成故子駟將及楚平。子孔子蟜曰與大國盟口血未乾而背之可乎子駟子展曰吾盟固云唯彊是從今楚師至晉不我救則楚彊矣盟誓之言豈敢背之且要盟無質神弗臨也質主也所臨唯信信者言之瑞也瑞符也善之主也是故臨之神臨之明神不蠲要盟蠲潔也背之可也乃及楚平公子罷戎入盟同盟于中分中分鄭城中里名罷戎楚大夫○罷音皮又音被楚莊夫人卒共王母王未能定鄭而歸晉侯

歸謀所以息民。魏絳請施舍施恩惠。舍勞役輸積聚以貸輸盡也。積子賜反。下同。貸他代反自公以下苟有積者。盡出之。國無滯積散在民亦無困人不匱乏公無禁利與民共利亦無貪民禮讓行祈以幣更不用牲賓以特牲器用不作因仍舊車服從給足給事也行之期年國乃有節。三駕而楚不能與爭三駕。三興師。十年師於牛首。十一年師於向。其秋觀兵於鄭東門。自是鄭遂服。期音基

春秋經傳集解襄公一第十四

春秋卷十四考證

襄公元年傳大國聘焉註大字小。字撫字也凡大之于小貴乎撫柔故云字　殿本閣本作大事小則本孟子湯事葛之義亦通

二年傳會于戚謀鄭故也註鄭久叛晉。案鄭自成十五年同盟于戚後遂叛晉即楚至是巳六年故註言久　殿本閣本作鄭人叛晉似失杜氏之義

四年傳棄武羅伯因。伯因漢書人物表作柏因史記正義作伯姻

七年鄭伯髠頑如會註故約文上其名于會上。上其

名　殿本閣本坊本作書其名案此上字上聲訓登謂登記其名也會上之上去聲今諸本作書其名則以音義中時掌反屬諸會上之上矣于義不合況經典釋文時掌反上本有上其名三字

八年傳子孔子蟜子展欲待晉註待晉來救○來他本作求又以待晉爲句求救爲句便費解

九年十有二月己亥註傳言十有二月己亥○案傳文是十一月己亥以長歷推之十一月庚寅朔十日得己亥十二月乃己未朔其月不當有己亥故杜註引傳以證經文之誤當依傳文作十有一月爲是今據

改

傳遇艮之八註艮下艮上艮。案上兩艮字三畫卦之名也下艮字六畫卦之名也以兩三畫卦之艮重之仍名爲艮則下艮字正與下文震下兌上之隨字同例　殿本閣本缺之非也

春秋經傳集解襄公二第十五

盡十五年

經。十年春。公會晉侯。宋公。衛侯。曹伯。莒子。邾子。滕子。薛伯。杞伯。小邾子。齊世子光。會吳于柤。【吳子在柤。晉以諸侯往會之。故曰會吳。吳不稱子。從所稱也。柤。楚地。○柤。莊加反】夏五月甲午。遂滅偪陽。【偪陽。妘姓國。今彭城傅陽縣也。因柤會而滅之。故曰遂。○偪。甫目反。又彼力反。妘音云】公至自會。【無傳】楚公子貞。鄭公孫輒。帥師伐宋。晉師伐秦。【荀罃不書。不親兵也】

秋莒人伐我東鄙公會晉侯宋公衞侯曹伯莒子邾子齊世子光滕子薛伯杞伯小邾子伐鄭齊世子光先至於師爲盟主所尊故在滕上冬盜殺鄭公子騑公子發公孫輒非國討當兩稱名氏殺者非卿故稱盜以盜爲文故不得言其大夫戍鄭虎牢伐鄭諸侯各受晉命戍虎牢不復爲告命故獨書魯戍而不敘諸侯楚公子貞帥師救鄭公至自伐鄭無傳

傳十年春會于柤會吳子壽夢也壽夢吳子乘○夢莫公反三月癸丑齊高厚相大子光以先會諸侯

于鍾離。不敬吴子未至。光從東道與東諸侯會遇。非本期地。故不書會。高厚。高固子也。癸丑。月二十六日。○相息亮反。下同士莊子曰。高子相大子以會諸侯。將社稷是衞。而皆不敬厚與光俱不敬。弃社稷也。其將不免乎爲十九年齊殺高厚。二十五年弒其君光

傳夏四月戊午。會于柤經書春。書始行也。戊午。月一日晉荀偃。士匄請伐偪陽。而封宋向戌焉以宋常事晉。而向戌有賢行。故欲封之爲附庸荀罃曰。城小而固。勝之不武。弗勝爲笑。固請。丙寅。圍之。弗克丙寅。四月九日孟氏之

臣秦堇父輦重如役堇父。孟獻子家臣。步挽重車以從師。○堇音謹挽音晚偪陽人啓門。諸侯之士門焉見門開。故攻之縣門發。郰人紇抉之以出門者門者。諸侯之士在門內者也。紇。郰邑大夫。仲尼父叔梁紇也。郰。邑。魯縣東南莝城是也。言紇多力。抉舉縣門。出在內者。○縣音懸。下同。郰側留反。紇恨發反。抉烏穴反。又古穴反。出如字。一尺遂反狄虎彌建大車之輪。而蒙之以甲。以爲櫓狄虎彌。魯人也。蒙。覆也。櫓。大楯。○虎音斯。櫓音魯。楯常尹反。又音尹左執之。右拔戟。以成一隊百人爲隊孟獻子曰。詩所謂有力如虎者也。

襄十年

詩邶風也。○邶音佩。主人縣布。堇父登之。及堞而絕之。偪陽人縣布以試外勇者。○堞音牒。隊則又縣之。蘇而復上者三。主人辭焉。乃退。主人嘉其勇。故辭謝不復縣布。○隊直類反。復扶又反。三息暫反。又如字。帶其斷以徇於軍三日。帶其斷布以示勇。○斷徒亂反。諸侯之師久於偪陽。荀偃。士匄請於荀罃。曰。水潦將降。懼不能歸。向夏恐有久雨。從丙寅至庚寅。二十五日。故曰久。請班師也。班。還。知伯怒。知伯。荀罃。○知音智。投之以机。出於其閒。出偃匄之閒。○机本作几。曰。女成二事而後告余二事。伐偪陽。封向戌。○女音汝。下同余恐亂命。以不女違既成改之為亂命女既勤君而興諸侯。牽帥老夫以至于此。既無武守無武功可執守而又欲易余罪。曰。是實班師。不然克矣謂偃匄將言爾余羸老也。可重任乎不任受女此責。○羸劣危反。任音壬。注同七日不克。必爾乎取之言當取女以謝不克之罪五月庚寅月四日荀偃士匄帥卒攻偪陽。親受矢石躬在矢石間甲午。滅之月八日書曰遂滅偪陽。言自會也言其因會以滅國。非之也以與向戌向戌辭曰君若猶辱鎮撫宋國而以偪陽光啟寡君羣臣安矣其何貺如之（言見賜之厚無過此）若專賜臣是臣興諸侯以自封也其何罪大焉敢以死請乃予宋公宋公享晉侯於楚丘請以桑林（桑林殷天子之樂名）荀罃辭（辭讓之）荀偃士匄曰諸侯宋魯於是觀禮（宋王者後魯以周公故皆用天子禮樂故可觀）魯有禘樂賓祭用之（禘三年大祭則作四代之樂別祭羣公則用諸侯樂）宋以桑林享君不亦可乎（言俱天子

樂也。舞師題以旌夏。師，樂師也。旌夏，大旌也。題，識也。以大旌表識其行列。○夏，戶雅反。識，申志反，又如字。晉侯懼而退入于房。旌夏非常，卒見之，人心偶有所畏。○卒，寸忽反。去旌，卒享而還。及著雍，疾。晉侯疾也。著雍，晉地。○去，起呂反。著，都慮反，一除慮反。雍，於用反。卜，桑林見。祟見於卜兆。○見，賢遍反。祟，息遂反。荀偃、士匄欲奔請禱焉。奔走還宋禱謝。荀罃不可，曰：我辭禮矣，彼則以之。以，用也。猶有鬼神，於彼加之。言自當加罪於宋。晉侯有閒。閒，疾差也。○差，初賣反。以偪陽子歸，獻于武宮，謂之夷俘。諱俘中國。故謂之夷偪陽妘姓也。使周內史選其族嗣。納諸霍人。禮也。霍。晉邑。內史。掌爵祿廢置者。使選偪陽宗族賢者。令居霍。奉妘姓之祀。善不滅姓。故曰禮也。使周史者。示有王命師歸。孟獻子以秦堇父爲右。嘉其勇力生秦丕茲。事仲尼。言二父以力相尚。子事仲尼。以德相高六月。楚子囊。鄭子耳。伐宋。師于訾毋。宋地。○訾子斯反庚午。圍宋門于桐門。不成圍而攻其城門晉荀罃伐秦。報其侵也。侵在九年衛侯救宋。師于襄牛。鄭子展曰。必伐衛。不然。是不與楚也。得罪於晉。又得罪於楚。國將若之何。子駟曰。國病矣。師數出。疲病也。子展曰。得罪於二大國。必亡。病不猶愈於亡乎。諸大夫皆以爲然。故鄭皇耳帥師侵衞。楚令也。亦兼受楚之勑命也。皇耳。皇戌子。孫文子卜追之。獻兆於定姜。姜氏問繇。繇。兆辭。○繇直救反。曰。兆如山陵。有夫出征。而喪其雄。姜氏曰。征者喪雄。禦寇之利也。大夫圖之。衞人追之。孫蒯獲鄭皇耳于犬丘。蒯。孫林父子。○喪息浪反。蒯苦怪反。秋七月。

楚子囊鄭子耳侵我西鄙於魯無所恥諱而不書其義未聞還圍蕭八月丙寅克之蕭宋邑九月子耳侵宋北鄙孟獻子曰鄭其有災乎師競已甚競爭競也周猶不堪競況鄭乎周謂天王有災其執政之三士乎鄭簡公幼少子駟子國子耳秉政故知三士任其禍也為下盜殺三大夫傳○任音壬莒人閒諸侯之有事也故伐我東鄙諸侯有討鄭之事諸侯伐鄭齊崔杼使大子光先至于師故長於滕大子宜賓之以上卿而令晉悼以一時之宜令在滕侯上故傳

（從而釋之○長丁丈反）己酉，師于牛首。（鄭地）初，子駟與尉止有爭，將御諸侯之師而黜其車。（御牛首師也。黜，減損。）尉止獲，又與之爭。（獲，囚俘。）子駟抑尉止曰：爾車非禮也。（言女車猶多過制）遂弗使獻。（不使獻所獲）初，子駟爲田洫，司氏、堵氏、侯氏、子師氏皆喪田焉。（洫，田畔溝也。子駟爲田洫以正封疆，而侵四族田。○洫，況域反。堵音者，或丁古反。喪，息浪反。）故五族聚羣不逞之人，因公子之徒以作亂。（八年子駟所殺公子𡟲等之黨。○𡟲，許其反，本作熈。）於是子駟當國，（攝君事也子國爲司馬子耳爲司空子孔爲司徒冬十月戊辰尉止司臣侯晉堵女父子師僕帥賊以入晨攻執政于西宮之朝公宮殺子駟子國子耳劫鄭伯以如北宮子孔知之故不死子孔公子嘉也知難不告利得其處也爲十九年殺公子嘉傳○難乃旦反書曰盜言無大夫焉尉止等五人皆士也大夫謂卿子西聞盜不儆而出子西公孫夏子駟子尸而追盜先臨尸而追盜盜入於北宮乃歸授甲臣妾多逃器用多喪子產聞

盜子國子爲門者置守門庀羣司具衆官。○庀匹婢反閉府庫。愼閉藏。完守備。成列而後出。兵車十七乘千二百七十五人。○藏才浪反。又如字。守手又反尸而攻盜於北宮。子蟜帥國人助之。殺尉止、子師僕。盜衆盡死。侯晉奔晉。堵女父、司臣、尉翩、司齊奔宋。尉翩尉止子。司齊司臣子。○翩音篇子孔當國代子駟爲載書。以位序聽政辟自羣卿諸司。各守其職位。以受執政之法。不得與朝政。○辟音闢。與音預大夫諸司門子弗順。將誅之子孔欲誅不順者子產止之請爲之焚書既止子孔又勸令燒除載書○爲于僞反子孔不可曰爲書以定國衆怒而焚之是衆爲政也國不亦難乎難以至治子産曰衆怒難犯專欲難成合二難以安國危之道也不如焚書以安衆子得所欲欲爲政也衆亦得安不亦可乎專欲無成犯衆興禍子必從之乃焚書於倉門之外衆而後定不於朝內燒欲使遠近見所燒諸侯之師城虎牢而戍之晉師城梧及制欲以偪鄭也不書城魯不與也

梧制皆鄭舊地士魴魏絳戍之書曰戍鄭虎牢非鄭地也言將歸焉二年晉城虎牢而居之今鄭復叛故脩其城而置戍鄭服則欲以還鄭故夫子追書繫之于鄭以見晉志鄭及晉平楚子囊救鄭十一月諸侯之師還鄭而南至於陽陵還繞鄭也陽陵鄭地○還戶關反又音患楚師不退知武子欲退曰今我逃楚楚必驕驕則可與戰矣武子荀罃欒黶曰逃楚晉之恥也合諸侯以益恥不如死我將獨進師遂進己亥與楚師夾潁而軍潁水出城

陽至下蔡入淮子蟜曰諸侯既有成行必不戰矣言有成去之志從之將退不從亦退從猶服也退楚必圍我。猶將退也不如從楚亦以退之以退楚宵涉潁。與楚人盟夜渡。畏晉知之欒黶欲伐鄭師伐涉潁者荀罃不可曰我實不能禦楚又不能庇鄭鄭何罪。不如致怨焉而還致怨。為後伐之資今伐其師楚必救之戰而不克為諸侯笑克不可命勝負難要不可命以必克。㊀要一遙反不如還也丁未諸侯之師還侵鄭北鄙而歸（欲以致怨）楚人亦還（鄭服故也）王叔陳生與伯輿爭政（二子王卿士）王右伯輿（右。助也）王叔陳生怒而出奔。及河。王復之（欲奔晉）殺史狡以說焉（說王叔也。○狡古卯反。說音悅。又如字）不入。遂處之（處叔河上）晉侯使士匄平王室。王叔與伯輿訟焉（爭曲直）王叔之宰（宰。家臣）與伯輿之大夫瑕禽（瑕禽。伯輿屬大夫）坐獄於王庭（獄。訟也。周禮。命夫命婦不躬坐獄訟。故使宰與屬大夫對爭曲直）士匄聽之。王叔之宰曰。篳門閨竇之人。而皆陵其上，其難爲上矣。篳門，柴門。閨竇，小戶。穿壁爲戶，上銳下方，狀如圭也。言伯輿微賤之家。○竇音豆。瑕禽曰：「昔平王東遷，吾七姓從王，牲用備具，王賴之，而賜之騂旄之盟，平王從時，大臣從者有七姓，伯輿之祖皆在其中，主爲王備犧牲，共祭祀，王恃其用，故與之盟，使世守其職。騂旄，赤牛也。舉騂旄者，言得重盟，不以犬雞。○從，才用反，又如字。騂，息營反。曰：『世世無失職。』若篳門閨竇，其能來東底乎？且王何賴焉？言我若貧賤，何能來東，使王恃其用，而與之盟邪？底，至也。○底音旨。今自王叔之相也，政以賄成，隨財制政。而刑放於寵寵臣專。刑不任法官之師旅不勝其富師旅之長皆受賂○勝音升吾能無篳門閨竇乎言王叔之屬富。故使吾貧唯大國圖之圖猶議也下而無直則何謂正矣正者。不失下之直范宣子曰。天子所右。寡君亦右之。所左亦左之宣子知伯輿直。不欲自專。故推之於王。○右音又。左音佐。下同。亦並如字使王叔氏與伯輿合要合要辭王叔氏不能舉其契要契之辭。○契苦計反王叔奔晉。不書。不告也。單靖公爲卿士。以相王室代王叔經十有一年春王正月作三軍增立中軍萬二千五百人爲軍夏四月四卜郊不從乃不郊無傳鄭公孫舍之帥師侵宋公會晉侯宋公衛侯曹伯齊世子光莒子邾子滕子薛伯杞伯小邾子伐鄭世子光至復在莒子之先故晉悼亦進之秋七月己未同盟于亳城北亳城鄭地伐鄭而書同盟鄭與盟可知○亳蒲洛反與音預公至自伐鄭無傳楚子鄭伯伐宋公會晉侯宋公衛侯曹伯齊世子光莒子邾子滕子薛伯杞伯小

邾子伐鄭晉遂尊光會于蕭魚鄭服而諸侯會。蕭魚。鄭地。公至自會無傳。以會至者。觀兵而不果侵伐楚人執鄭行人良霄良霄。公孫輒子伯有也冬。秦人伐晉

傳十一年。春。季武子將作三軍魯本無中軍。唯上下二軍。皆屬於公。有事。三卿更帥以征伐。季氏欲專其民人。故假立中軍。因以改作。○更音庚告叔孫穆子曰。請爲三軍。各征其軍征賦稅也。三家各征其軍之家屬穆子曰。政將及子。子必不能政者霸國之政令。禮。大國三軍。魯次國而爲大國之制。貢賦必重。故憂不能堪武子固請

之。穆子曰。然則盟諸穆子知季氏將復變易。故盟之乃盟諸僖閎僖宮之門詛諸五父之衢五父衢。道名。在魯國東南。詛。以禍福之言相要正月作三軍。三分公室而各有其一三分國民三子各毀其乘壞其軍乘。分以足成三軍。○乘。繩證反。壞。音怪。足。將住反。亦如字季氏使其乘之人。以其役邑入者無征使軍乘之人。率其邑役入季氏者。無公征不入者倍征不入季氏者。則使公家倍征之。設利病欲驅使入己。故昭五年傳曰。季氏盡征之。民辟倍征。故盡屬季氏孟氏使半爲臣。若子若弟取其子弟之半也。四分其乘之人以三歸公而取其一叔孫氏使盡爲臣盡取子弟以其父兄歸公不然不舍制軍分民不如是則三家不舍其故而改作也此蓋三家盟詛之本言○舍音捨鄭人患晉楚之故諸大夫曰不從晉國幾亡幾近也○幾音機徐音譏楚弱於晉晉不吾疾也疾急也晉疾楚將辟之何爲而使晉師致死於我言當作何計楚弗敢敵而後可固與也固與晉也子展曰與宋爲惡諸侯必至吾從之盟楚師至吾又從之則晉怒甚矣晉能驟來楚將不能

吾乃固與晉大夫說之使疆埸之司惡於宋使守疆埸之吏侵犯宋○說音悅埸音亦宋向戌侵鄭大獲子展曰師而伐宋可矣若我伐宋諸侯之伐我必疾吾乃聽命焉且告於楚楚師至吾又與之盟而重賂晉師乃免矣言如此乃免於晉楚之難夏鄭子展侵宋欲以致諸侯四月諸侯伐鄭己亥齊大子光宋向戌先至于鄭門于東門傳釋齊大子光所以序莒上也○向戌不書宋公在會故其莫晉荀罃至于西郊東侵

舊許。許之舊國。鄭新邑。○莫音暮　衞孫林父侵其北鄙。六月。諸侯會于北林。師于向。向地在潁川長社縣東北。○向音餉　右還次于瑣。北行而西爲右還。滎陽宛陵縣西有瑣候亭。○宛於阮反。又於元反　圍鄭。觀兵于南門。觀。示也　西濟于濟隧。濟隧。水名。○濟子禮反　鄭人懼。乃行成。秋七月。同盟于亳。范宣子曰。不慎。必失諸侯。慎敬威儀。謹辭令　諸侯道敝而無成。能無貳乎。數伐鄭。皆罷於道路。○數所角反。罷音皮　乃盟。載書曰。凡我同盟。毋蘊年。蘊積年穀而不分災。○蘊紆粉反毋壅利專山川之利。○壅於勇反毋保姦藏罪人毋留慝速去惡。○慝他得反救災患恤禍亂同好惡獎王室獎，助也。○好惡並如字。或上呼報反。下烏路反或閒茲命司慎司盟名山名川二司，天神羣神羣祀羣祀，在祀典者先王先公先王，諸侯之大祖，宋祖帝乙，鄭祖厲王之比也。先公，始封君。○大音泰七姓十二國之祖七姓，晉、魯、衛、鄭、曹、滕，姬姓。邾、小邾，曹姓。宋，子姓。齊，姜姓。莒，己姓。杞，姒姓。薛，任姓。實十三國。言十二，誤也。○己音紀，或音祀。任音壬明神殛之殛，誅也俾失其民隊命亡氏踣其國家踣，斃也。○隊直類反。踣蒲北反。

乾隆四十八年……

又敷豆反楚子囊乞旅于秦乞師旅於秦秦右大夫詹帥師從楚子將以伐鄭鄭伯逆之丙子伐宋鄭逆服故更伐宋也秦師不書不與伐宋而還與音預九月諸侯悉師以復伐鄭此夏諸侯皆復來故曰悉師復扶又反鄭人使良霄大宰石㚟如楚告將服于晉曰孤以社稷之故不能懷君君若能以玉帛綏晉不然則武震以攝威之孤之願也楚人執之書曰行人言使人也書行人言非使人之罪古者兵交使在其閒所以通命示整或執殺

之。皆以爲譏也。既成而後告。故書在蕭魚下。石㚖爲介。故不書。○㚖勑略反。攝如字。又之涉反諸侯之師觀兵于鄭東門。鄭人使王子伯駢行成。甲戌。晉趙武入盟鄭伯。冬十月丁亥。鄭子展出盟晉侯。二盟不書。不告十二月戊寅。會于蕭魚。經書秋。史失之庚辰。赦鄭囚。皆禮而歸之。納斥候。不相備也。○斥音尺。一昌夜反禁侵掠。晉侯使叔肸告于諸侯。叔肸。叔向也。告諸侯亦使赦鄭囚。○掠音亮。肸許乙反。向許丈反公使臧孫紇對曰。凡我同盟。小國有罪。大國致討苟有以藉手鮮不赦宥寡君聞命矣言晉討小國有藉手之功則赦其罪人德義如是不敢不承命○藉在夜反鄭人賂晉侯以師悝師觸師蠲悝觸蠲皆樂師名○悝苦回反蠲古懸反又音圭廣車軘車淳十五乘甲兵備廣車軘車皆兵車名淳耦也○廣古曠反軘徒溫反淳述倫反又之倫反凡兵車百乘他兵車及廣軘共百乘歌鍾二肆肆列也縣鍾十六爲一肆二肆三十二枚及其鎛磬鎛磬皆樂器○鎛音博女樂二八十六人晉侯以樂之半賜魏絳曰子教寡人和諸戎狄以正諸華

在四年八年之中九合諸侯如樂之和無所不諧諧亦和也。○九合諸侯。謂五年會戚。又會城棣救陳。七年會鄬。八年會邢丘。九年盟于戲。十年會柤。又伐鄭戍虎牢。十一年同盟亳城北。又會蕭魚。請與子樂之共此樂。○樂音洛。一音岳。辭曰夫和戎狄國之福也八年之中九合諸侯諸侯無慝君之靈也二三子之勞也臣何力之有焉抑臣願君安其樂而思其終也詩曰樂旨君子殿天子之邦詩小雅也。謂諸侯有樂美之德。可以鎮撫天子之邦。殿。鎮也。○殿都遍反。樂旨君子福禄攸同攸。所也便蕃左右。亦是帥從便蕃。數也。言遠人相帥來服從。便蕃然在左右。○蕃音煩夫樂以安德和其心也義以處之處位以義禮以行之行教令信以守之守所行仁以厲之厲風俗而後可以殿邦國。同福禄。來遠人。所謂樂也言五德皆備乃爲樂。非但金石書曰居安思危逸書思則有備。有備無患。敢以此規。規正公公曰子之教。敢不承命。抑微子。寡人無以待戎待遇接納不能濟河渡河南服鄭夫賞。國之典也。藏在盟府司盟之府，有賞功之制。不可廢也。子其受之。魏絳於是乎始有金石之樂，禮也。禮，大夫有功則賜樂。秦庶長鮑、庶長武帥師伐晉以救鄭。庶長，秦爵也。不書救鄭，鄭已屬晉，無所救。○長，丁丈反。鮑，步卯反。鮑先入晉地，士魴御之，少秦師而弗設備。壬午，武濟自輔氏，從輔氏渡河。○御，魚呂反。後放此。與鮑交伐晉師。己丑，秦晉戰于櫟，晉師敗績，易秦故也。不書敗績，晉恥易秦而敗，故不告也。櫟，晉地。○櫟，力的反。又失灼反。易，以豉反。

經十有二年。春。王三月。莒人伐我東鄙。圍台。琅邪費縣南有台亭。○台勑才反。又音臺。一翼之反季孫宿帥師救台。遂入鄆。鄆，莒邑。○鄆音運夏。晉侯使士魴來聘。秋。九月。吳子乘卒。五年會於戚。公不與盟。而赴以名冬。楚公子貞帥師侵宋。公如晉。

傳十二年。春。莒人伐我東鄙。圍台。季武子救台。遂入鄆。乘勝入鄆。報見伐取其鐘以爲公盤。夏。晉士魴來聘。且拜師。謝前年伐鄭師秋。吳子壽夢卒。壽夢吴子之號。臨於周廟，禮也。周廟，文王廟也。周公出文王，故魯立其廟。吴始通，故曰禮。【臨】力蔭反，下同。凡諸侯之喪，異姓臨於外，於城外向其國。同姓於宗廟，所出王之廟。同宗於祖廟，始封君之廟。同族於禰廟，父廟也。同族，謂高祖以下。是故魯爲諸姬，諸姬，同姓國。臨於周廟；爲邢、凡、蔣、茅、胙、祭臨於周公之廟。即祖廟也。六國皆周公之支子，別封爲國，共祖周公。【胙】才故反。【祭】側界反，又如字。冬，楚子囊、秦庶長無地伐宋，師于楊梁，以報晉之取鄭也。取鄭在前年。梁國睢陽縣東有地名楊梁。靈王求后于齊。齊侯問對於晏桓子。桓子對曰。先王之禮辭有之。天子求后於諸侯。諸侯對曰。夫婦所生若而人。（不敢譽。亦不敢毀。故曰若如人。譽音餘）妾婦之子若而人。（言非適也）無女而有姊妹及姑姊妹。則曰先守某公之遺女若而人。齊侯許昏。王使陰里結之。（陰里。周大夫。結。成也。爲十五年劉夏逆王后傳。守手又反）

公如晉朝。且拜士魴之辱。禮也。（士魴聘在此年夏嫌君臣不敵。故曰禮）

秦嬴歸于楚。（秦景公妹。爲楚共王夫人）楚司馬子

庚聘于秦。爲夫人寧。禮也。子庚。莊王子午也。諸侯夫人。父母既没。歸寧使卿。故曰禮

經十有三年春。公至自晉。夏。取邿邿。小國也。任城亢父縣有邿亭。傳例曰。書取。言易也。○邿音詩。任音壬。亢苦浪反。又音剛秋九月庚辰。楚子審卒共王也。成二年大夫盟于蜀冬。城防

傳十三年春。公至自晉。孟獻子書勞于廟。禮也。書勳勞於策也。桓二年傳曰。公至自唐。告於廟也。凡公行。告於宗廟。反行飲至。舍爵策勳焉。禮也。桓十六年傳又曰。公至自伐鄭。以飲至之禮也。然則還告廟及飲至及書勞

乾隆四十八年

三事。偏行一禮。則亦書至。悉闕乃不書至。夏。傳因獻子之事以發明凡例。釋例詳之。邿亂。分爲三。國分爲三部。志力各異。師救邿。遂取之。魯師也。經不稱師。不滿二千五百人。傳通言之。凡書取言易也。不用師徒。及用師徒而不勞。雖國亦曰取。用大師焉曰滅。敵人距戰。斬獲俘馘。用力難重。雖邑亦曰滅。弗地曰入。謂勝其國邑。不有其地。荀罃士魴卒。晉侯蒐于緜上以治兵。爲將命軍帥也。必蒐而命之。所以與衆共。使士匄將中軍。辭曰。伯游長。伯游。荀偃。長上聲。昔臣習於知伯。是以佐之。非能賢也。七年。韓厥老。知罃代將中軍。士匄佐之。匄今將讓。故謂爾時之舉。不以己賢。事見九年請從伯游。荀偃將中軍代荀罃士匄佐之位如故使韓起將上軍。辭以趙武。又使欒黶以武位卑。故不聽。更命黶辭曰。臣不如韓起。韓起願上趙武。君其聽之。使趙武將上軍武自新軍超四等。代荀偃韓起佐之位如故欒黶將下軍。魏絳佐之黶亦如故。絳自新軍佐超一等。代士魴新軍無帥將佐皆遷晉侯難其人。使其什吏率其卒乘官屬。以從於下軍。禮也得慎舉之禮。○難乃旦反。或如字晉國之民是以大和。諸侯遂睦。君子曰。讓。禮之主也。范宣子讓。其下皆讓。欒黶爲汏。弗敢違也。晉國以平。數世賴之。刑善也夫。刑。法也。○汏音泰。數所主反一人刑善。百姓休和。可不務乎。書曰。一人有慶。兆民賴之。其寧惟永。其是之謂乎。周書呂刑也。一人。天子也。寧。安也。永。長也。義取上有好善之慶。則下賴其福周之興也。其詩曰。儀刑文王。萬邦作孚。詩大雅。言文王善用法。故能爲萬國所信。孚。信也。言刑善也。及其衰也。其詩曰。大夫不均。我從事獨賢詩小雅。刺幽王役使不均。故從事者怨恨。稱己之勞以爲獨賢無讓心言不讓也。世之治也。君子尚能而讓其下能者在下位。則貴尚而讓之小人農力以事其上。是以上下有禮。而讒慝黜遠。由不爭也。謂之懿德。及其亂也。君子稱其功以加小人加。陵也。君子。在位者。遠于萬反。又如字小人伐其技以馮君子馮亦陵也。自稱其能爲伐。技其綺反。馮音憑是以上下無禮。亂虐竝生。由爭善也爭自善也謂之昏德。國家之敝。恒必由之傳言晉之所以興楚子疾告大夫曰不穀不德少主社稷生十年而喪先君未及習師保之教訓而應受多福多福謂為君是以不德而亡師于鄢鄢在成十六年○鄢音偃以辱社稷為大夫憂其弘多矣弘大也若以大夫之靈獲保首領以沒於地唯是春秋窀穸之事窀厚也穸夜也厚夜猶長夜春秋謂祭祀長夜謂葬埋○窀張倫反一從門反穸音夕所以從先君於禰廟者從先君代為禰廟請為靈若厲欲受惡諡以歸先君也亂而不損曰靈戮

殺（不辜曰厲）大夫擇焉。莫對。及五命乃許。秋，楚共王卒。子囊謀諡。大夫曰：君有命矣。子囊曰：君命以共，若之何毁之。赫赫楚國，而君臨之，撫有蠻夷，奄征南海，以屬諸夏，而知其過，可不謂共乎。請諡之共。大夫從之。（傳言子囊之善。共音恭）吳侵楚。養由基奔命。子庚以師繼之。（子庚，楚司馬）養叔曰：吳乘我喪，謂我不能師也，（養叔，養由基也）必易我而不戒。（戒，備也。易，以豉反）子爲三覆以待我。（覆，伏兵）

〇覆，扶又反。我請誘之。子庚從之。戰于庸浦。庸浦，楚地。大敗吳師，獲公子黨。君子以吳爲不弔。不用天道相弔恤。詩曰：不弔昊天，亂靡有定。言不爲昊天所恤，則致罪也。爲明年會向傳。冬，城防。書事，時也。土功雖有常節，通以事閒爲時。〇閒音閑。於是將早城，臧武仲請俟畢農事，禮也。鄭良霄、大宰石㚟猶在楚。十一年，楚人執之，至今。〇㚟，勑略反。石㚟言於子囊曰：先王卜征五年，先征五年而卜吉凶也。征，謂巡守征行。〇先，悉薦反。而歲習其祥，祥習則行。五年五卜皆同吉乃巡狩不習則增脩德而改卜不習。謂卜不吉。○不習則增。絶句今楚實不競行人何罪不能脩德與晉競止鄭一卿。以除其偪一卿。謂良霄使睦而疾楚。以固於晉。焉用之位不偪則大臣睦。怨疾楚則事晉固使歸而廢其使行而見執於楚。鄭又遂堅事晉。是鄭廢本見使之意。○其使所吏反。下同怨其君以疾其大夫。而相牽引也。不猶愈乎。楚人歸之

經。十有四年。春。王正月。季孫宿叔老會晉士

 

匃、齊人、宋人、衛人、鄭公孫蠆、曹人、莒人、邾人、滕人、薛人、杞人、小邾人會吳于向。叔老，聲伯子也。魯使二卿會晉，敬事霸國。晉人自是輕魯幣而益敬其使，故叔老雖介，亦列於會也。齊崔杼、宋華閱、衛北宮括在會，惰慢不攝，故貶稱人。蓋欲以督率諸侯，奬成霸功也。吳來在向，諸侯會之，故曰會。吳向，鄭地。二月乙未朔，日有食之。無傳夏四月，叔孫豹會晉荀偃、齊人、宋人、衛北宮括、鄭公孫蠆、曹人、莒人、邾人、滕人、薛人、杞人、小邾人伐秦。齊宋大夫不書，義與向同。己未，衛侯出奔齊。諸侯之策。

書孫甯逐衛侯。春秋以其自取奔亡之禍。故諸侯失國者。皆不書逐君之賊也。不書名。從告

莒人侵我東鄙無傳。報入鄆秋。楚公子貞帥師伐吳。冬。季孫宿會晉士匄。宋華閱。衛孫林父。鄭公孫蠆。莒人。邾人。于戚

傳。十四年。春。吳告敗于晉。前年爲楚所敗會于向。爲吳謀楚故也。謀爲吳伐楚（爲）于僞反范宣子數吳之不德也。以退吳人。吳伐楚喪。故以爲不德。數而遺之。卒不爲伐楚執莒公子務婁在會不書。非卿。（務）莫侯反。又如字。（婁）力侯反。或力俱反以其

通楚使也莒貳於楚。故比年伐魯將執戎子駒支駒支。戎子名范宣子親數諸朝行之所在。亦設朝位曰來姜戎氏。昔秦人迫逐乃祖吾離于瓜州四嶽之後皆姜姓。又別爲允姓。瓜州地在今燉煌。○燉徒門反乃祖吾離被苫蓋蓋。苫之別名。○被普皮反苫式占反蓋戶臘反。爾雅曰。白蓋謂之苫蒙荊棘以來歸我先君蒙。冒也我先君惠公有不腆之田腆。厚也。○腆他典反與女剖分而食之中分爲剖。○女音汝。下同。中丁仲反。又如字今諸侯之事我寡君不如昔者蓋言語漏洩則職女之由職。主也詰朝之事爾無與焉詰朝明旦。不使復得與會事。○詰起吉反與音預。下同與將執女對曰昔秦人負恃其衆貪于土地逐我諸戎惠公蠲其大德蠲明也謂我諸戎是四嶽之裔冑也四嶽堯時方伯。姜姓也。裔。遠。冑。後也。○裔以制反毋是翦弃翦。削也賜我南鄙之田。狐狸所居。豺狼所嘷。我諸戎除翦其荆棘。驅其狐狸豺狼。以爲先君不侵不叛之臣。至于今不貳不內侵。亦不外叛。○嘷戶羔反昔文公與秦伐鄭。秦人竊與鄭盟。而舍戍焉。在僖三十年於是乎有殽之師。在僖三十三年晉禦其上。戎亢其下。亢猶當也。○亢苦浪反秦師不復。我諸戎實然。譬如捕鹿。晉人角之。諸戎掎之。掎其足也。○掎居綺反與晉踣之。踣僵也。○踣蒲北反戎何以不免。自是以來。晉之百役。與我諸戎相繼于時。言給晉役不曠時以從執政。猶殽志也。意常如殽。無中二也豈敢離逷。今官之師旅。無乃實有所闕。以攜諸侯。而罪我諸戎。我諸戎飲食衣服不與華同贄幣不通言語不達何惡之能爲不與於會亦無瞢焉瞢悶也○遏他歷反不與音預瞢莫贈反又武登反一武忠反賦青蠅而退青蠅詩小雅取其愷悌君子無信讒言○蠅以登反宣子辭焉辭謝使即事於會成愷悌也成愷悌不信讒也不書者戎爲晉屬不得特達於是子叔齊子爲季武子介以會自是晉人輕魯幣而益敬其使齊子叔老字也言晉敬魯使經所以竝書二卿吳子諸樊既除喪諸樊吳子乘之長子也乘卒至此春十七月既葬而除喪將立季札札諸

樊少弟。札側八反季札辭曰。曹宣公之卒也。諸侯與曹人不義曹君曹君。公子負芻也。殺大子而自立。事在成十三年將立子臧。子臧去之。遂弗爲也。以成曹君。君子曰。能守節。君義嗣也。諸樊適子。故曰義嗣誰敢奸君。有國。非吾節也。札雖不才。願附於子臧。以無失節。固立之。弃其室而耕。乃舍之。傳言季札之讓。且明吳兄弟相傳夏。諸侯之大夫從晉侯伐秦。以報櫟之役也。櫟役在十一年晉侯待于竟。使六卿帥諸侯之師以進言經所以不稱晉侯。及涇不濟。諸侯之師不肯渡也。涇水出安定朝那縣，至京兆高陸縣入渭。朝，如字。那，乃多反。叔向見叔孫穆子。穆子賦《匏有苦葉》。詩邶風也。義取於深則厲，淺則揭。言己志在於必濟。叔向退而具舟。魯人、莒人先濟。鄭子蟜見衛北宮懿子曰：「與人而不固，取惡莫甚焉，若社稷何？」懿子説。二子見諸侯之師而勸之濟。濟涇而次。傳言北宮括所以書於伐秦。説，音悦。秦人毒涇上流。師人多死。飲毒水故。鄭司馬子蟜帥鄭師以進。師皆從之至于棫林棫林秦地棫位逼反不獲成焉秦不服荀偃令曰雞鳴而駕塞井夷竈示不反唯余馬首是瞻言進退從己欒黶曰晉國之命未是有也余馬首欲東乃歸黶惡偃自專故弃之歸下軍從之左史謂魏莊子曰不待中行伯乎中行伯荀偃也莊子魏絳也左史晉大史莊子曰夫子命從帥夫子謂荀偃欒伯吾帥也吾將從之從帥所以待夫子也以從命爲待也欒黶下軍帥莊子爲佐故曰吾帥伯游曰吾令實過悔之

何及。多遺秦禽。軍帥不和。恐多爲秦所禽獲。○（遺）唯季反乃命大還。晉人謂之遷延之役。遷延。却退欒鍼曰。此役也。報櫟之敗也。役又無功。晉之恥也。吾有二位於戎路。欒鍼。欒黶弟也。二位。謂黶將下軍。鍼爲戎右敢不恥乎。與士鞅馳秦師。死焉。士鞅反。鞅。士匄子欒黶謂士匄曰。余弟不欲往。而子召之。余弟死。而子來。是而子殺余之弟也。弗逐。余亦將殺之。士鞅奔秦。欒黶汰侈。誣逐士鞅也。而。女也於是齊崔杼。宋華閱。仲江。

會伐秦不書惰也臨事惰慢不脩也仲江宋公孫師之子向之會亦如之衛北宮括不書於向亦惰書於伐秦攝也能自攝整從鄭子蟜俱濟涇秦伯問於士鞅曰晉大夫其誰先亡對曰其欒氏乎秦伯曰以其汏乎對曰然欒黶汏虐已甚猶可以免其在盈乎盈黶之子秦伯曰何故對曰武子之德在民如周人之思召公焉愛其甘棠況其子乎武子欒書黶之父也召公奭聽訟於甘棠之下周人思之不害其樹而作勿伐之詩在召南欒

黶死。盈之善未能及人。武子所施没矣。而黶之怨實章。將於是乎在。秦伯以爲知言。爲之請於晉而復之。爲傳二十一年晉滅欒氏張本。○施如字。又始豉反衛獻公戒孫文子甯惠子食。勑戒二子。欲共宴食皆服而朝。服朝服待命於朝日旰不召。旰。晏也。○旰古旦反而射鴻於囿。二子從之。從公於囿。○射食亦反不釋皮冠而與之言。皮冠。田獵之冠也。既不釋冠。又不與食二子怒。孫文子如戚。戚。孫文子邑孫蒯入使。孫蒯。孫文子之子。○使所吏反。又如字公飲之酒。使大師歌巧言之卒章 巧言。詩小雅。其卒章曰。彼何人斯。居河之麋。無拳無勇。職爲亂階。戚。衞河上邑。公欲以喻文子居河上而爲亂。大師掌樂大夫。○飲於鴆反。麋亡悲反。拳音權 大師辭。師曹請爲之 辭以爲不可。師曹。樂人 初。公有嬖妾。使師曹誨之琴 誨。教也 師曹鞭之。公怒。鞭師曹三百。故師曹欲歌之以怒孫子。以報公。公使歌之。遂誦之 恐孫蒯不解故 蒯懼告文子。文子曰。君忌我矣。弗先必死 欲先公作亂。○欲先。息薦反 并帑於戚 帑。子也。○并。必政反。帑音奴 而入見蘧伯玉曰。君之暴虐。子所知也。大懼社稷之傾覆。將若之何（伯玉。蘧瑗。）對曰。君制其國。臣敢奸之（奸猶犯也）雖奸之。庸知愈乎（言逐君更立。未知當差否）遂行。從近關出（懼難作。欲速出竟）公使子蟜子伯子皮與孫子盟于丘宮。孫子皆殺之（三子。衛羣公子。疑孫子。故盟之。丘宮。近戚地。蟜居表反）四月己未。子展奔齊（子展。衛獻公弟）公如鄄（鄄。衛地。鄄音絹）。使子行於孫子。孫子又殺之（使往請和也。子行。羣公子）公出奔齊。孫氏追之。敗公徒于阿澤。濟北東阿縣西南有大澤鄄人執之公徒因敗散還。故爲公執之。○爲，于僞反初。尹公佗學射於庚公差。庚公差學射於公孫丁。二子追公二子。佗與差。爲孫氏逐公。○佗，徒河反。差，初佳反。又初宜反公孫丁御公爲公御也子魚曰。射爲背師。不射爲戮。射爲禮乎子魚。庚公差。禮射不求中。○射，食亦反。下除禮射皆同。背音佩射兩軥而還軥。車軛卷者。○軥，其俱反。又古豆反。軛，於革反尹公佗曰。子爲師。我則遠矣。乃反之佗不從丁學。故言遠。始與公差俱退。悔而獨還射丁公孫丁授公轡而射之。貫臂貫佗臂。貫古亂反。一音官子鮮從公子鮮，公母弟。鮮音僊及竟。公使祝宗告亡。且告無罪。告宗廟也定姜曰。無神何告。若有。不可誣也。誣，欺也。定姜，公適母有罪。若何告無。舍大臣而與小臣謀。一罪也。先君有冢卿以爲師保。而蔑之。二罪也。謂不釋皮冠之比。舍音捨。比必里反余以巾櫛事先君。而暴妾使余。三罪也。告亡而已。無告無罪。時姜在國，故不使得告無罪。櫛側乙反公使厚成叔弔于衞。曰。寡君使瘠。聞君不撫社稷而越在他竟（越遠也瘠厚成叔名○瘠在亦反）若之何不弔以同盟之故使瘠敢私於執事（執事衞諸大夫）曰有君不弔（弔恤也）有臣不敏（敏達也）君不赦宥臣亦不帥職增淫發洩其若之何衞人使大叔儀對（大叔儀衞大夫○洩息列反）曰羣臣不佞得罪於寡君寡君不以即刑而悼弃之以爲君憂君不忘先君之好辱弔羣臣又重恤之（重恤謂愍其不達也）敢拜君命之辱重拜大貺（謝重恤之賜）厚孫歸復

命。語臧武仲曰。衛君其必歸乎。有大叔儀以守。守於國。語魚據反。守手又反。有母弟鱄以出。或撫其內。或營其外。能無歸乎。齊人以郲寄衛侯。郲。齊所滅郲國。鱄市臠反又音專。郲音來。及其復也。以郲糧歸。言其貪右宰穀從而逃。歸衛人將殺之。穀衛大夫也。以其從君故欲殺之。從才用反。又如字。辭曰。余不說初矣。言初從君。非說之。不獲已耳。說音悅。注及下同。余狐裘而羔袖。言一身盡善。唯少有惡。喻己雖從君出。其罪不多。乃赦之。衛人立公孫剽。剽穆公孫。剽

匹妙反。一甫遥反孫林父甯殖相之以聽命於諸侯
聽盟會之命○相息亮反衛侯在郲臧紇如齊唁衛侯衛
侯與之言虐退而告其人曰衛侯其不得入
矣其言糞土也亡而不變何以復國武仲不書。未爲
卿。唁魚變反弔失國曰唁子展子鮮聞之見臧紇與之
言道順道理臧孫說謂其人曰衛君必入夫二
子者或輓之或推之欲無入得乎爲二十六年衛侯歸
傳。輓音晚推如字又他回反師歸自伐秦晉侯舍新軍禮

也。成國不過半天子之軍，成國，大國。○舍音捨周爲六軍，諸侯之大者三軍可也。於是知朔生盈而死，朔，知罃之長子。盈，朔弟也。盈生而朔死。○知音智盈生六年而武子卒，彘裘亦幼，皆未可立也。新軍無帥，故舍之。裘，士魴子也。十三年，荀罃、士魴卒。其子皆幼，未任爲卿，故新軍無帥，遂舍之。○彘直例反　任音壬師曠侍於晉侯，師曠，晉樂大師子野。晉侯曰：「衛人出其君，不亦甚乎？」對曰：「或者其君實甚。良君將賞善而刑淫，養民如子，蓋之如天，容之如地民奉其君愛之如父母仰之如日月敬之如神明畏之如雷霆其可出乎夫君神之主而民之望也若困民之主匱神乏祀百姓絕望社稷無主將安用之弗去何爲天生民而立之君使司牧之勿使失性有君而爲之貳貳卿佐。去，起呂反使師保之勿使過度是故天子有公諸侯有卿卿置側室側室支子之官大夫有貳宗貳宗宗子之副貳者士有朋友庶人工商皁隸牧圉皆有親暱以相輔佐也善則賞之賞謂宣揚○暱女乙反過則匡之匡正也患則救之救其難也失則革之革更也自王以下各有父兄子弟以補察其政補其愆過察其得失史爲書謂大史君舉則書瞽爲詩瞽盲者爲詩以風刺○風芳鳳反工誦箴諫工樂人也誦箴諫之辭大夫規誨規正諫誨其君士傳言士卑不得徑達聞君過失傳告大夫庶人謗庶人不與政聞君過則誹謗商旅于市旅陳也陳其貨物以示時所貴尚百工獻藝獻其技藝以喻政事故夏書曰遒人以木鐸徇

于路（逸書。遒人，行人之官也。木鐸，木舌金鈴。徇於路，求歌謠之言。○遒，在由反）官師相規（官師，大夫。自相規正）工執藝事以諫（所謂獻藝）正月孟春，於是乎有之，諫失常也（有遒人徇路之事）天之愛民甚矣，豈其使一人肆於民上（肆，放也）以從其淫，而弃天地之性？必不然矣（傳善師曠能因問盡言）○（從，子用反）

秋，楚子爲庸浦之役故（在前年。○爲，于僞反）子囊師于棠以伐吳，吳不出而還。子囊殿（殿，軍後。○殿，多練反）以吳爲不能而弗儆。吳人自皐舟之隘要而擊之。皐舟。吳險阨之道。要一遙反。阨於賣反。楚人不能相救。吳人敗之。獲楚公子宜穀。傳言不備。不可以師。王使劉定公賜齊侯命。將昏於齊故也。定公。劉夏。位賤。以能而使之。傳稱謚。舉其終。曰。昔伯舅大公。右我先王。股肱周室。師保萬民。世胙大師。以表東海。胙。報也。表。顯也。謂顯封東海。以報大師之功。王室之不壞。繄伯舅是賴。繄。發聲。今余命女環。環。齊靈公名。女音汝。茲率舅氏之典。纂乃祖考。無忝乃舊。敬之哉。無廢朕命。纂。繼也。因昏而加褒顯。傳言王室不能命有功晉侯問衛故於中行獻子問衛逐君當討否獻子。荀偃對曰不如因而定之衛有君矣謂剽已立伐之未可以得志而勤諸侯史佚有言曰因重而撫之重不可移。就撫安之仲虺有言曰亡者侮之亂者取之推亡固存國之道也仲虺。湯左相君其定衛以待時乎待其昏亂之時。乃伐之冬會于戚謀定衛也定立剽范宣子假羽毛於齊而弗歸齊人始貳析羽爲旌。王者游車之所建。齊私有之。因謂之羽毛。宣子聞而借觀之楚子

囊還自伐吳卒將死遺言謂子庚必城郢楚徙都郢未有城郭公子燮公子儀因築城爲亂事未得訖子囊欲訖而未暇故遺言見意

君子謂子囊忠君薨不忘增其名謂前年謚君爲共將死不忘衛社稷可不謂忠乎忠民之望也

詩曰行歸于周萬民所望忠也詩小雅忠信爲周言德行歸於忠信即爲萬民所瞻望○行下孟反

經十有五年春宋公使向戌來聘二月己亥及向戌盟于劉劉夏逆王后于齊劉采地夏名也天子

卿書字。劉夏非卿。故書名。天子無外。所命則成。故不言逆女夏。齊侯伐我北鄙。圍成。公救成。至遇。無傳。遇魯地。書至遇。公畏齊。不敢至成季孫宿。叔孫豹。帥師城成郛。備齊故。夏城非例所譏秋。八月。丁巳。日有食之。無傳。八月無丁巳。丁巳。七月一日也。日月必有誤邾人伐我南鄙。冬。十有一月。癸亥。晉侯周卒。四同盟

傳十有五年。春。宋向戌來聘。且尋盟。報二年豹之聘。尋十一年亳之盟見孟獻子。尤其室。尤。責過也曰。子有令

## 襄十五年

聞而美其室非所望也對曰我在晉吾兄爲之毀之重勞且不敢間傳言獻子友于兄且不隱其實○間音問間去聲官師從單靖公逆王后于齊卿不行非禮也官師劉夏也天子官師非卿也劉夏獨過魯告昏故不書單靖公天子不親昏使上卿逆而公監之故曰卿不行非禮○過古禾反楚公子午爲令尹代子囊公子罷戎爲右尹蔿子馮爲大司馬子馮叔敖從子○罷音皮公子橐師爲右司馬公子成爲左司馬屈到爲莫敖屈到屈蕩子○屈居勿反公子追舒爲

箴尹追舒莊王子子南屈蕩爲連尹養由基爲宮廄尹以靖國人君子謂楚於是乎能官人官人國之急也能官人則民無覦心無覬覦以求幸○廄音救詩云嗟我懷人寘彼周行能官人也詩周南也寘置也行列也周偏也詩人嗟歎言我思得賢人置之偏於列位是后妃之志以官人爲急○行戶郎反下同王及公侯伯子男甸采衞大夫各居其列所謂周行也言自王以下諸侯大夫各任其職則是詩人周行之志也甸采衞五服之名也天子所居千里曰圻其外曰侯服次曰甸服次曰男服次曰采

服。文曰衛服。五百里爲一服。不言侯男。略舉也。○任音王鄭尉氏司氏之亂。其餘盜在宋。亂在十年鄭人以子西。伯有。子產之故。納賂于宋三子之父。皆爲尉氏所殺故以馬四十乘百六十匹與師茷師慧樂師也。茷慧其名。○茷扶廢反。徐音伐三月。公孫黑爲質焉公孫黑。子晳○質音致司城子罕以堵女父。尉翩。司齊與之。良司臣而逸之賢而放之。○女音汝託諸季武子。武子寘諸卞子罕以司臣託季氏鄭人醢之。三人也三人。堵女父。尉翩。司齊師慧過宋朝。將私焉。私。小便其相曰。朝也。相師者。相息亮反慧曰。無人焉。相曰。朝也。何故無人。慧曰。必無人焉。若猶有人。豈其以千乘之相易淫樂之矇。必無人焉故也。千乘相。謂子產等也。言不爲子產殺三盜。得賂而歸之。是重淫樂而輕相國。易以豉反。輕也子罕聞之。固請而歸之。言子罕能改過夏齊侯圍成。貳於晉故也。不畏霸主。故敢伐魯於是乎城成郛。郛。郭也秋。邾人伐我南鄙。亦貳於晉故使告于晉。晉將爲會。以討邾莒。十二年。十四年。莒人伐魯。未之討也晉侯有疾乃止。冬。晉悼公卒。遂不克會。爲明年會溴梁傳。

溴古歷反鄭公孫夏如晉奔喪。子蟜送葬。夏子西也。言諸侯畏晉。故卿共葬。共音恭宋人或得玉獻諸子罕。子罕弗受。獻玉者曰。以示玉人。玉人能治玉者玉人以爲寶也。故敢獻之。子罕曰。我以不貪爲寶。爾以玉爲寶。若以與我。皆喪寶也。不若人有其寶。稽首而告曰。小人懷璧。不可以越鄉。言必爲盜所害。喪息浪反納此以請死也。請免死子罕寘諸其里。

使玉人爲之攻之攻。治也富而後使復其所賣玉得富十二月。鄭人奪堵狗之妻。而歸諸范氏堵狗。堵女父之族。狗娶於晉范氏。鄭人既誅女父。畏狗因范氏而作亂。故奪其妻歸范氏。先絕之。傳言鄭之有謀。諸晉者

春秋經傳集解襄公二第十五









內閣中書臣費振勳敬書

春秋卷十五考證

十年傳生秦丕茲事仲尼註言二父以力相尚子事仲尼以德相高○二父　殿本及諸本皆作堇父似屬易解不知二父二字兼指郰人紇與秦堇父也以力相尚即指抉門登布兩事玩相字可見

子蟜曰諸侯既有成行○蟜應改蟜子蟜即公孫蠆名字相配傍應從虫且八年傳子孔子蟜子展欲待晉原本亦作蟜則此乃刋誤無疑

十一年傳如樂之和無所不諧註諧亦和也○亦和也下原本援陸氏音義文九合諸侯謂五年會戚云云

一段別以圈隔之閣本混與註連　殿本又移刻在
如樂之和句下標以註字皆非也
九合諸侯音義七年會鄬○案七年乃會鄬非會鄢也
蓋因字形相近而訛今改正
十三年傳先王卜征五年而歲習其祥註五年五卜皆
同吉○五卜　殿本閣本作習卜玩傳意自是每年
一卜凡五卜皆吉並非相習且鄭氏訓習爲因如云
五年因卜皆同吉便費解不若原本明捷
十四年傳左史謂魏莊子註左史晉太史○　殿本閣
本作晉大夫訛

春秋經傳集解襄公三第十六　盡二十

經十有六年春。王正月。葬晉悼公。踰月而葬。速也。三月。公會晉侯、宋公、衛侯、鄭伯、曹伯、莒子、邾子。薛伯、杞伯、小邾子于湨梁。不書高厚。逃歸故也。湨水出河內軹縣。東南至温入河。○湨古闃反。軹之氏反。戊寅。大夫盟。諸大夫本欲盟高厚。高厚逃歸。故遂自共盟。雞澤會重序諸侯。今此間無異事。即上諸侯大夫可知。○重直用反。晉人執莒子、邾子以歸。邾莒二國數侵魯。又無道於其民。故稱人以執。不以歸京師。非禮也。齊侯伐我北鄙。無傳。齊貳晉故。夏，公至自會。無傳。五月甲子，地震。無傳。叔老會鄭伯、晉荀偃、衛甯殖、宋人伐許。荀偃主兵，當序鄭上。方示叔老可以會鄭伯，故荀偃在下。秋，齊侯伐我北鄙，圍成。大雩。無傳。書過。冬，叔孫豹如晉。

傳十六年春，葬晉悼公。平公即位。平公，悼公子彪。○彪，彼虯反。羊舌肸爲傅，肸，叔向也。代士渥濁。○肸，許乙反。張君臣爲中軍司馬，張老子。代其父。祁奚、韓襄、欒盈、士鞅爲公族大夫祁奚去中軍尉爲公族大夫。去劇職。就閒官。韓襄。無忌子也。虞丘書爲乘馬御代程鄭。（乘）繩證反改服脩官烝于曲沃既葬改喪服。脩官。選賢能。曲沃。晉祖廟。烝。冬祭也。諸侯五月而葬。既葬卒哭作主。然後烝嘗於廟。今晉踰月葬。作主而烝祭。傳言晉將有溴梁之會。故速葬警守而下會于溴梁順河東行。故曰下命歸侵田諸侯相侵取之田以我故執邾宣公莒犂比公犂比。莒子號也。十二年。十四年。莒人侵魯。前年邾人伐魯。晉將爲魯討之。悼公卒。不克會。故平公終其事。（犂）力私反。一力兮反。（比）音毗。注同且曰通齊楚之使邾莒在齊楚往來道中。故并以此責之。經書執。在大夫盟下。既盟而後告晉侯與諸侯宴于溫。使諸大夫舞。曰。歌詩必類。歌古詩。當使各從義類齊高厚之詩不類。齊有二心故荀偃怒。且曰。諸侯有異志矣。使諸大夫盟高厚。高厚逃歸。齊爲大國。高厚若此。知小國必當有從者於是叔孫豹。晉荀偃。宋向戌。衞甯殖。鄭公孫蠆。小邾之大夫。盟曰。同討不庭。自曹以下大夫不書。故傳舉小邾以包之。向舒亮反。戌音恤。蠆勑邁反許男請遷于晉。許欲叛楚諸侯遂遷許。許大夫不可。晉人歸諸侯唯以其師討許之不肯遷鄭子蟜聞將伐許。遂相鄭伯以從諸侯之師鄭與許有宿怨。故其君親行。蟜居表反穆叔從公從公歸。從才用反。又如字齊子帥師會晉荀偃。書曰會鄭伯。爲夷故也夷。平也。春秋於魯事所記。不與外事同者。客主之言。所以爲文。固當異也。魯卿每會公侯。春秋無譏。故於此示例。不先書主兵之荀偃。而書後至之鄭伯。時皆諸侯大夫。義取皆平。故得會鄭伯夏六月。次于棫林。庚寅。伐許。次于函氏棫林。函氏。皆許地。棫爲逼反。又于目反晉荀偃。欒黶帥師伐楚。以報宋揚梁之役晉師獨進揚梁役在十二年。黶於斬反楚公子格帥師及晉師戰于湛阪襄城昆陽縣北有湛水。東入汝。湛市林反。一直斬反阪音反。又扶板反楚師敗績晉師遂侵方城之外不書。不告復伐許而還許未遷故。復扶又反秋齊侯圍郕郕，魯孟氏邑。貳晉。故伐魯孟孺子速徼之孟獻子之子莊子速也。徼，要也。徼古堯反齊侯曰是好勇去之以爲之名速遂塞海陘而還海陘。魯隘道。陘音刑冬穆叔如晉聘且言齊故言齊再伐魯晉人曰以寡君之未禘祀禘祀，三年喪畢之吉祭與民之未息（新伐許及楚）不然不敢忘穆叔曰以齊人之朝夕釋憾於敝邑之地是以大請敝邑之急朝不及夕引領西望曰庶幾乎（庶幾晉來救）比執事之閒恐無及也見中行獻子賦圻父（圻父詩小雅周司馬掌封畿之兵甲故謂之圻父詩入責圻父爲王爪牙不脩其職使百姓受困苦之憂而無所止居○比必利反閒音閑行戶郎反圻其依反）獻子曰偃知罪矣敢不從執事以同恤社稷而使魯及此（及此憂）見范宣子賦鴻鴈之卒章（鴻鴈詩小雅卒章曰

鴻鴈于飛。哀鳴嗸嗸。唯此哲人。謂我劬勞。言魯憂困嗸嗸然。若鴻鴈之失所。大曰鴻。小曰鴈。宣子曰。匃在此。敢使魯無鳩乎。鳩。集也。○匃古害反。鳩居牛反。

經十有七年春王二月庚午。邾子牼卒。無傳。宣公也。四同盟。○牼苦耕反。宋人伐陳。夏。衞石買帥師伐曹。買。石稷子。秋。齊侯伐我北鄙。圍桃。高厚帥師伐我北鄙。圍防。弁縣東南有桃虛。○虛起居反。九月。大雩。無傳。書過。宋華臣出奔陳。暴亂宗室。懼而出奔。實以冬出。書秋者。以始作亂時來告。○華

戶化反冬。邾人伐我南鄙

傳。十七年。春。宋莊朝伐陳。獲司徒卬。卑宋也司徒卬。陳大夫。卑宋。不設備。○朝如字。凡人名字皆放此。卬五郎反衛孫蒯田于曹隧越竟而獵。孫蒯。林父之子。○蒯苦怪反飲馬于重丘重丘。曹邑。○飲於鴆反。重直龍反毀其缾。重丘人閉門而詢之詢。罵也。○詢呼豆反。罵馬嫁反曰。親逐而君。爾父爲厲厲。惡鬼。林父逐君在十四年是之不憂。而何以田爲。夏。衛石買孫蒯伐曹。取重丘孫蒯不書。非卿曹人愬于晉爲明年晉人執石買。○甈悉路反傳齊人以其未得志于我故前年圍成。辟孟孺子。秋齊侯伐我北鄙。圍桃。高厚圍臧紇于防。防，臧紇邑。○紇恨發反。○師自陽關逆臧孫至于旅松。陽關在泰山鉅平縣東。旅松近防地也。魯師畏齊。不敢至防。郰叔紇臧疇臧賈帥甲三百宵犯齊師。送之而復。郰叔紇。叔梁紇。臧疇。臧賈。臧紇之昆弟也。三子與臧紇共在防。故夜送臧紇於旅松。而復還守防。○郰側留反齊師去之。失臧紇故齊人獲臧堅。堅。臧紇之族齊侯使夙沙衞唁之。且曰。無死。使無自殺堅稽首曰。拜命之辱。抑君賜不終。姑又使其刑臣禮於士。以杙抉其傷而死（言使賤人來唁已。是惠賜不終也。夙沙衛奄人。故謂之刑臣。○杙音弋。抉烏穴反。又音決）冬。邾人伐我南鄙。爲齊故也（齊未得志於魯。故邾助之。○爲于僞反）宋華閱卒。華臣弱皋比之室（臣。閱之弟。皋比。閱之子。弱。侵易之。○比音毗。易以豉反）使賊殺其宰華吳。賊六人以鈹殺諸盧門合左師之後（盧門。宋城門。合。向戌邑。後。屋後。○鈹普皮反）左師懼曰。老夫無罪。賊曰。皋比私有討於吳。遂幽其妻（幽吳妻也）曰。

畀余而大璧畀與也宋公聞之曰臣也不唯其宗室是暴大亂宋國之政必逐之左師曰臣也亦卿也大臣不順國之恥也不如蓋之乃舍之左師爲己短策苟過華臣之門必騁惡之○騁勑領反惡烏路反十一月甲午國人逐瘈狗瘈狗入於華臣氏國人從之華臣懼遂奔陳華臣心不自安見逐狗而驚走○瘈居世反一音制宋皇國父爲大宰爲平公築臺妨於農收周十一月今九月收斂時子罕請俟農

功之畢。公弗許。築者謳曰。澤門之晳。實興我役澤門。宋東城南門也。皇國父白晳。而居近澤門。○晳星礫反邑中之黔。實慰我心。子罕黑色而居邑中○黔音琴。一其廉反子罕聞之親執扑扑。杖。○扑普卜反以行築者。而抶其不勉者曰。吾儕小人。皆有闔廬。以辟燥濕寒暑闔。謂門戶閉塞○行下孟反抶恥乙反今君為一臺而不速成。何以為役役。事也謳者乃止。或問其故。子罕曰。宋國區區而有詛有祝。禍之本也傳善子罕分謗。○詛莊慮反祝之又

反

齊晏桓子卒晏嬰父也晏嬰麤縗斬斬。不緝之也。縗在胷前。麤。三升布。○麤本作麄。縗七雷反苴絰帶杖菅屨苴。麻之有子者。取其麤也。杖。竹杖。菅屨。草屨。○苴七徐反。菅古顔反食鬻居倚廬寢苫枕草此禮與士喪禮略同。其異唯枕草耳。然枕凷亦非喪服正文。○鬻之六反。謂朝一溢米。暮一溢米。苫傷廉反。枕之鴆反。凷苦對反。一苦怪反其老曰非大夫之禮也時之所行。士及大夫縗服。各有不同。晏子爲大夫而行士禮。其家臣不解。故譏之曰唯卿爲大夫晏子惡直己以斥時失禮。故孫辭略荅家老

經十有八年。春。白狄來不言朝。不能行朝禮夏晉人執

衞行人石買石買即是伐曹者。宜即懲治本罪。而晉因其爲行人之使執之。故書行人以罪晉秋。齊師伐我北鄙不書齊侯。齊侯不入竟冬。十月。公會晉侯。宋公。衞侯。鄭伯。曹伯。莒子。邾子。滕子。薛伯。杞伯。小邾子。同圍齊齊數行不義。諸侯同心俱圍之曹伯負芻卒于師無傳。禮當與許男同。三同盟楚公子午帥師伐鄭

傳十八年。春。白狄始來白狄。狄之別名。未嘗與魯接。故曰始夏。晉人執衞行人石買于長子。執孫蒯于純留

長子。純留。二縣。今皆屬上黨郡。孫蒯不書。父在位。蒯非卿。○長丁丈反。或如字。純徒溫反。或如字。爲曹故也。前年衛伐曹。秋。齊侯伐我北鄙。中行獻子將伐齊。夢與厲公訟。弗勝。厲公。獻子所弒者。公以戈擊之。首隊於前。跪而戴之。奉之以走。見梗陽之巫皐。梗陽。晉邑。在太原晉陽縣南。皐。巫名也。夢并見之。○隊直位反。跪其委反。奉芳勇反。他日見諸道。與之言同。巫亦夢見獻子與厲公訟。巫曰。今茲主必死。若有事於東方。則可以逞。巫知獻子有死徵。故勸使快意伐齊。獻子許諾。晉侯伐齊。

將濟河獻子以朱絲係玉二瑴雙玉曰瑴。瑴古學反。而禱曰齊環怙恃其險負其衆庶環齊靈公名。負依也。弃好背盟陵虐神主神主民也。謂伐魯殘民人。曾臣彪將率諸侯以討焉彪晉平公名。稱臣者明上有天子。以謙告神。曾臣猶末臣。其官臣偃實先後之守官之臣。偃獻子名。先悉薦反。後戶豆反。茍捷有功無作神羞羞恥也。官臣偃無敢復濟偃信巫言故以死自誓。復扶又反。唯爾有神裁之沈玉而濟。冬十月會于魯濟尋湨梁之言同伐齊湨梁在十六年。盟曰。同討不庭。○沈音鴆。或如字齊侯禦諸平陰。塹防門而守之廣里平陰城在濟北盧縣東北。其城南有防。防有門。於門外作塹。橫行廣一里。故經書圍。○廣古曠反夙沙衛曰。不能戰。莫如守險謂防門不足爲險弗聽。諸侯之士門焉。齊人多死。范宣子告析文子析文子。齊大夫子家。○析星礫反曰。吾知子。敢匿情乎。魯人莒人皆請以車千乘自其鄉入。既許之矣。若入。君必失國。子盍圖之。子家以告公。公恐。晏嬰聞之曰。君固無勇。而又聞是弗能久矣不能久敵晉齊侯登巫山以望晉師巫山在盧縣東北晉人使司馬斥山澤之險雖所不至必旆而疏陳之斥候也疏建旌旗以爲陳示衆也○斥音尺陳直覲反使乘車者左實右僞以旆先僞以衣服爲人形也建旆以先驅輿曳柴而從之以揚塵齊侯見之畏其衆也乃脫歸脫不張旗幟丙寅晦齊師夜遁師曠告晉侯曰烏烏之聲樂齊師其遁烏鳥得空營故樂也邢伯告中行伯邢伯晉大夫邢侯也中行伯獻子曰有班

馬之聲。夜遁。馬不相見。故鳴。班。別也。○別彼列反 齊師其遁。叔向告晉侯曰。城上有烏。齊師其遁。十一月。丁卯朔。入平陰。遂從齊師。夙沙衛連大車以塞隧而殿。此衛所欲守險。○殿都練反 殖綽郭最曰。子殿國師。齊之辱也。奄人殿師。故以爲辱。子姑先乎。乃代之殿。衛殺馬於隘以塞道。恨二子。故塞其道。欲使晉得之。晉州綽及之。射殖綽中肩。兩矢夾脰。脰。頸也。○脰音豆 曰。止。將爲三軍獲。不止。將取其衷。不止。復欲射兩矢中央。○衷音忠顧曰。爲私誓。州綽曰。有如日言必不殺女。明如日乃弛弓而自後縛之弛式氏反縛也。其右具丙州綽之右亦舍兵而縛郭最皆衿甲面縛衿甲。不解甲。舍音捨衿其鴆反坐于中軍之鼓下。晉人欲逐歸者。魯衛請攻險險。固城守者己卯。荀偃士匄以中軍克京茲在平陰城東南乙酉。魏絳欒盈以下軍克邿欒黶死。其子盈佐下軍。平陰西有邿山。邿音詩趙武韓起以上軍圍盧弗克。十二月戊戌。及秦周伐雍門之萩秦周魯大夫。趙武及之共伐萩也。雍門齊城門。○雍於用反范鞅門于雍門。其御追喜以戈殺犬于門中殺犬示閒暇孟莊子斬其櫓以爲公琴。莊子。孺子速也。櫓。木名。○櫓勑倫反。又相倫反己亥。焚雍門及西郭。南郭。劉難。士弱。率諸侯之師焚申池之竹木二子。晉大夫。○難乃多反。又如字壬寅。焚東郭北郭。范鞅門于揚門齊西門州綽門于東閭齊東門左驂迫還于門中。以枚數闔枚。馬檛也。闔門扇也。數其板。示不恐。○還音旋。一音患。數所主反。檛陟瓜反齊侯駕。將走郵棠郵棠齊邑大子與郭榮扣馬大子光也榮齊大夫曰師速而疾略也言欲略行其地無久攻意○行下孟反將退矣君何懼焉且社稷之主不可以輕輕則失衆君必待之將犯之大子抽劒斷鞅乃止甲辰東侵及濰南及沂濰水在東莞東北至北海都昌縣入海沂水出東莞蓋縣至下邳入泗○莞音官鄭子孔欲去諸大夫欲專權○去起呂反下同將叛晉而起楚師以去之使告子庚子庚弗許子庚楚令尹公子午楚子聞之使揚豚尹宜告子庚曰

國人謂不穀主社稷而不出師死不從禮不能承先君之業死將不得從先君之禮不穀即位於今五年師徒不出人其以不穀爲自逸而忘先君之業矣謂己未嘗統師自出大夫圖之其若之何子庚歎曰君王其謂午懷安乎吾以利社稷也見使者稽首而對曰諸侯方睦於晉臣請嘗之嘗試其難易也若可君而繼之不可收師而退可以無害君亦無辱子庚帥師治兵於汾襄城縣東北有汾丘城於

是子蟜伯有子張從鄭伯伐齊子張，公孫黑肱。子孔子展子西守。二子知子孔之謀二子，子展子西。○守，手又反。下同完守入保完城郭，內保守。子孔不敢會楚師楚師伐鄭次於魚陵魚陵，魚齒山也，在南陽犨縣北，鄭地。○犨，尺由反右師城上棘遂涉潁次于旃然將涉潁，故於水邊權築小城，以爲進退之備。旃然水出滎陽城皋縣東入汴蔿子馮公子格率銳師侵費滑胥靡獻于雍梁胥靡、獻于、雍梁，皆鄭邑。河南陽翟縣東北有雍氏城。○蔿，于委反。馮，皮冰反。費，扶味反。雍，於用反右回梅山在滎陽密縣東北。○侵鄭東北至于蟲牢而回如字。又胡猥反反。子庚門于純門信于城下而還。信。再宿也。純如字一市荀反涉於魚齒之下魚齒山之下有滍水。故言涉。○滍音雉甚雨。及之。楚師多凍。役徒幾盡。晉人聞有楚師。師曠曰。不害。吾驟歌北風。又歌南風。南風不競。歌者吹律以詠八風。南風音微。故曰不競也。師曠唯歌南北風者。聽晉楚之強弱。○幾音祈多死聲。楚必無功。董叔曰。天道多在西北。歲在豕韋。月又建亥。故曰多在西北。南師不時。必無功。不時謂觸

歲月叔向曰。在其君之德也言天時地利。不如人和

經十有九年春王正月。諸侯盟于祝柯前年圍齊之諸侯也。祝柯縣。今屬濟南郡晉人執邾子稱人以執。惡及民也。公至自伐齊無傳取邾田。自漷水取邾田以漷水爲界也。漷水出東海合鄉縣西南。經魯國。至高平湖陸縣入泗。漷好虢反。又音郭季孫宿如晉。葬曹成公無傳夏。衞孫林父帥師伐齊。秋七月。辛卯。齊侯環卒世子光。三與魯同盟晉士匄帥師侵齊。至穀。聞齊侯卒。乃還詳録所至及還者。善得禮八月。丙辰。

仲孫蔑卒。無傳齊殺其大夫高厚。鄭殺其大夫公子嘉。冬。葬齊靈公。無傳城西郛。魯西郭叔孫豹會晉士匄于柯。魏郡內黃縣東北有柯城城武城。泰山南武城縣

傳十九年。春。諸侯還自沂上。盟于督揚。曰大毋侵小。督揚即祝柯也執邾悼公。以其伐我故。伐魯在十七年遂次于泗上。疆我田。正邾魯之界也。泗。水名取邾田。自漷水歸之于我。邾田在漷水北。今更以漷為界。故曰取邾田晉侯先歸。公享晉六卿于蒲圃。六卿過魯賜之三命

之服。軍尉司馬司空輿尉候奄皆受一命之服如鞌戰還之賜。唯無先輅。○鞌音安賄荀偃束錦。加璧乘馬。先吳壽夢之鼎。荀偃中軍元帥。故特賄之。五匹爲束。四馬爲乘。壽夢。吳子乘也。獻鼎於魯。因以爲名。古之獻物。必有以先。今以璧馬爲鼎之先。○先吳。悉薦反。又如字。○夢莫公反荀偃癉疽。生瘍於頭。癉疽。惡創。○癉丁但反。又音旦疽七徐反。瘍音羊。創初良反濟河。及著雍。病目出。大夫先歸者皆反。士匄請見。弗內。請後。曰。鄭甥可士匄中軍佐。故問後也。鄭甥。荀吳。其母鄭女。○著張慮反。又直慮反。雍於用反。見賢遍反。二月甲寅卒而視不可含（目開口噤。含，戶暗反。）○宣子盥而撫之曰：事吳敢不如事主。猶視。（大夫稱主。）欒懷子曰：其爲未卒事於齊故也乎？（懷子，欒盈。）乃復撫之曰：主苟終所不嗣事于齊者，有如河。乃瞑受含。（嗣，續也。○復，扶又反。瞑，亡丁反，一亡千反。）宣子出曰：吾淺之爲丈夫也。（自恨以私待人。）晉欒魴帥師從衞孫文子伐齊。（爲懷子之言故也。欒魴，欒氏族。不書，兵并林父，不別告也。經書夏，從告。）季武子如晉拜師。（謝討齊。）晉侯享之。范宣子爲政代荀偃將中軍賦黍苗黍苗詩小雅美召伯勞來諸侯如陰雨之長黍苗也喻晉君憂勞魯國猶召伯季武子興再拜稽首曰小國之仰大國也如百穀之仰膏雨焉若常膏之其天下輯睦豈唯敝邑賦六月六月尹吉甫佐天子征伐之詩以晉侯比吉甫出征以匡王國〇仰如字又五亮反〇下同膏雨如字又古報反常膏古報反又如字季武子以所得於齊之兵作林鍾而銘魯功焉林鍾律名鑄鐘聲應林鍾因以爲名臧武仲謂季孫曰非禮也夫銘天子令德天子銘德不銘功諸侯言時計

功舉得時。動有功。則可銘也大夫稱伐銘其功伐之勞今稱伐。則下等也從大夫故計功。則借人也借晉力也。〔借〕如字。一積亦反言時。則妨民多矣。何以爲銘。且夫大伐小。取其所得。以作彝器彝常也。謂鐘鼎爲宗廟之常器銘其功烈。以示子孫。昭明德。而懲無禮也。今將借人之力以救其死。若之何銘之。小國幸於大國。以勝大國爲幸而昭所獲焉以怒之。亡之道也。爲城西郛武城

傳齊侯娶于魯。曰顏懿姬。無子。其姪鬷聲姬

生光以爲大子兄子曰姪顏鬷皆二姬母姓因以爲號懿聲皆謚○姪直結反鬷子公反諸子仲子戎子戎子嬖諸子諸妾姓子者二子皆宋女仲子生牙屬諸戎子屬託之○屬之蜀反戎子請以爲大子許之齊侯許之仲子曰不可廢常不祥廢立嫡之常間諸侯難事難成也光之立也列於諸侯矣列諸侯之會今無故而廢之是專黜諸侯謂光已有諸侯之尊而以難犯不祥也君必悔之公曰在我而已遂東大子光廢而徙之東鄙使高厚傅牙以爲大

子夙沙衛爲少傅。齊侯疾。崔杼微逆光。疾病而立之。光殺戎子。終言之○杼直呂反尸諸朝。非禮也。婦人無刑。無黥刖之刑○刖音月又五刮反雖有刑。不在朝市。謂犯死刑者猶不暴尸○暴蒲卜反夏五月壬辰晦。齊靈公卒。經書七月辛卯光定位而後赴莊公即位。大子光也執公子牙於句瀆之丘。以夙沙衛易己。衛奔高唐以叛。光謂衛教公易己。高唐在祝柯縣西北。○句古侯反瀆音豆晉士匄侵齊。及穀。聞喪而還。禮也。禮之常。不必待君命於四月丁未於此年四月鄭公孫蠆卒。赴於晉大夫范宣子言於晉侯。以其善於伐秦也十四年晉伐秦。子蟜見諸侯師。而勸之濟涇六月。晉侯請於王。王追賜之大路。使以行禮也大路。天子所賜車之總名。以行葬禮。傳言大夫有功。則賜服路。秋。八月。齊崔杼殺高厚於灑藍而兼其室灑藍齊地。○灑色買反。又所綺反。書曰齊殺其大夫從君於昏也傳解經不言崔杼殺。而爲國討文。鄭子孔之爲政也專專權國人患之。乃討西宮之難十年尉止等作難西宮。子孔知而不言與純門之師前年子孔召楚師至純門子孔當罪。以其甲及子革子良氏之甲守以自守也甲辰。子展子西。率國人伐之。殺子孔而分其室。書曰鄭殺其大夫專也亦以國討爲文子然。子孔。宋子之子也子然。子革父士子孔。圭嬀之子也宋子。圭嬀。皆鄭穆公妾。士子孔子良父○〔嬀〕居危反圭嬀之班。亞宋子而相親也亞。次也士子孔亦相親也。僖之四年。子然卒鄭僖四年。魯襄六年簡之元年。士子孔卒魯襄八年司徒孔實相子革子良之室司徒孔與二父相親。故相助其子。相，息亮反三室如一言同心故及於難故二子并及難子革子良出奔楚子革爲右尹子革即鄭丹鄭人使子展當國子西聽政立子產爲卿簡公猶幼。故大夫當國齊慶封圍高唐弗克夙沙衛以叛。故圍之冬十一月齊侯圍之見衛在城上號之乃下衛下與齊侯語。號，胡報反。召也。一戶刀反問守備焉以無備告揖之乃登齊侯以衛告誠。揖而禮之。欲生之也。衛志於戰死。故不順齊侯之揖。而還登城聞師將傳食高唐人殖綽工僂會夜縋納師因其會食。二子。齊大夫。傳音附食音嗣僂力侯反醢衞于軍城西郛懼齊也前年與晉伐齊。又鑄其器爲鐘。故懼齊及晉平盟于大隧大隧地闕故穆叔會范宣子于柯齊晉平。魯懼齊。故爲柯會以自固穆叔見叔向賦載馳之四章四章曰。控于大邦。誰因誰極。控。引也。取其欲引大國以自救助叔向曰。肸敢不承命叔向度齊未肯以盟服。故許救魯穆叔歸曰。齊猶未也。不可以不懼。乃城武城。衞石共子卒石買。共音恭悼子不哀買之子石惡孔成子曰。是謂

蹷其本蹷猶拔也。○蹷求月反。一居月反。又居衛反必不有其宗爲二十八年石惡出奔傳

經二十年春王正月辛亥仲孫速會莒人盟于向向莒邑。○向舒亮反夏六月庚申公會晉侯齊侯宋公衛侯鄭伯曹伯莒子邾子滕子薛伯杞伯小邾子盟于澶淵澶淵在頓丘縣南。今名繁汙。此衛地。又近戚田。○澶市然反。汙音紆秋公至自會無傳仲孫速帥師伐邾。蔡殺其大夫公子燮莊公子蔡公子履出奔楚

鱄母弟也陳侯之弟黃出奔楚稱弟明無罪也叔老如齊

冬十月丙辰朔日有食之無傳季孫宿如宋

傳二十年春及莒平孟莊子會莒人盟于向督揚之盟故也莒數伐魯前年諸侯盟督揚以和解之故二國自復共盟結其好夏盟于澶淵齊成故也齊與晉平邾人驟至以諸侯之事弗能報也驟數也謂十五年十七年伐魯秋孟莊子伐邾以報之既盟而又伐之非蔡公子燮欲以蔡之晉背楚蔡人殺之公子履其母弟也故出

奔楚（與兄同謀故）陳慶虎慶寅畏公子黃之偪（二慶陳卿。恐黃偪奪其政）愬諸楚曰與蔡司馬同謀（同欲之晉）楚人以爲討（討。責陳）公子黃出奔楚（奔楚自理）初蔡文侯欲事晉曰先君與於踐土之盟（先君。文侯父莊侯甲午也。踐土盟在僖二十八年。○與音預）晉不可弃且兄弟也畏楚不能行而卒（宣十七年文侯卒）楚人使蔡無常（徵發無準）公子燮求從先君以利蔡不能而死書曰蔡殺其大夫公子燮言不與民同欲也（罪其違衆）

陳侯之弟黄出奔楚。言非其罪也稱弟。罪陳侯。及二慶公子黄將出奔。呼於國曰。慶氏無道。求專陳國。暴蔑其君而去其親。五年不滅。是無天也爲二十三年陳殺二慶傳。○呼好故反去起呂反齊子初聘于齊禮也齊魯有怨。朝聘禮絶。今始復通。故曰初。繼好息民。故曰禮冬季武子如宋。報向戌之聘也向戌聘在十五年褚師段逆之以受享段。共公子子石也。逆以入國。受享禮。○褚張呂反段徒亂反賦常棣之七章以卒武子賦也。七章以卒。盡八章。取其妻子好合。如鼓瑟琴。宜爾室家。樂爾妻孥。言二國好合。宜其室家。相親如兄弟宋人重賄之歸復命。公享之。賦魚麗之卒章。魚麗。詩小雅。卒章曰。物其有矣。維其時矣。喻聘宋得其時公賦南山有臺。南山有臺。詩小雅。取其樂只君子。邦家之基。邦家之光。喻武子奉使。能爲國光暉武子去所曰。臣不堪也。去所。辟席衛甯惠子疾。召悼子。悼子。甯喜曰。吾得罪於君。悔而無及也。名藏在諸侯之策。曰。孫林父甯殖出其君。君入則掩之。掩惡名若能掩之。則吾子也。若不能。猶有鬼神。吾有餒而已。不

來食矣餒，餓也悼子許諾。惠子遂卒爲二十六年衛侯歸傳



經二十有一年春王正月。公如晉。邾庶其以漆閭丘來奔二邑在高平南平陽縣。東北有漆鄉。西北有顯閭亭。以邑出爲叛。適魯而言來奔。內外之辭夏。公至自晉無傳秋。晉欒盈出奔楚盈不能防閑其母。以取奔亡。稱名。罪之九月庚戌朔。日有食之無傳冬。十月庚辰朔。日有食之無傳曹伯來朝。公會晉侯、齊侯、宋公、衛侯、鄭伯、曹伯、莒子。

邾子于商任。商任地闕。○任音壬

傳。二十一年。春。公如晉。拜師及取邾田也。謝十八年伐齊之師。漷水之田。邾庶其以漆閭丘來奔。庶其。邾大夫。季武子以公姑姊妻之。計公年不得有未嫁姑姊。蓋寡者二人。皆有賜於其從者。於是魯多盜。季孫謂臧武仲曰。子盍詰盜。詰。治也。○從才用反。詰起吉反。武仲曰。不可詰也。紇又不能。季孫曰。我有四封。而詰其盜。何故不可。子爲司寇。將盜是務去。若之何不能武仲曰子召外盜而大禮焉何以止吾盜吾謂國中。〇去起呂反下皆同子爲正卿而來外盜使紇去之將何以能庶其竊邑於邾以來子以姬氏妻之而與之邑使食漆閭丘其從者皆有賜焉若大盜禮焉以君之姑姊與其大邑其次皁牧輿馬給其賤役從皁至牧凡八等之人其小者衣裳劒帶是賞盜也賞而去之其或難焉紇也聞之在上位者洒濯其心壹以待人軌度其信可明徵也徵。驗也。○洒西禮反度待洛反而後可以治人。夫上之所爲。民之歸也。上所不爲。而民或爲之。是以加刑罰焉。而莫敢不懲。若上之所爲。而民亦爲之。乃其所也。又可禁乎。夏書曰。念茲在茲逸書也。茲。此也。謂行此事。當念使可施之於此釋茲在茲釋。除也。謂欲有所治除於人。亦當顧己。得無亦有之名言茲在茲名此事。言此事。亦皆當令可施於此允出茲在茲允。信也。信出於此。則善亦在此惟帝念功言帝念功。則功成也將謂由己壹也。信由己壹。而後功可念也〔言非但意念而已。當須信已誠至〕庶其非卿也，以地來，雖賤必書，重地也。〔重地。故書其人。其人書，則惡名彰。以懲不義〕齊侯使慶佐為大夫，〔慶佐。崔杼黨〕復討公子牙之黨，執公子買于句瀆之丘。公子鉏來奔，叔孫還奔燕。〔三子。齊公族。言莊公斥逐親戚。以成崔慶之勢。終有弒殺之禍。○復，扶又反。鉏，仕居反。還，音旋〕夏，楚子庚卒。楚子使薳子馮為令尹。訪於申叔豫。〔叔豫。叔時孫〕叔豫曰：國多寵而王弱，〔弱。政教微而貴臣強〕國不可為也。遂以疾辭。方暑，闕地，下冰而牀焉，重繭衣裘，鮮食而寢。繭，緜衣。○闕求月反。衣裘於既反。鮮息淺反。楚子使醫視之。復曰：瘠則甚矣，瘠，瘦也。○瘠在亦反。而血氣未動。言無疾。乃使子南為令尹。子南，公子追舒也。為二十二年殺追舒傳。

欒桓子娶於范宣子，生懷子。桓子，欒黶。懷子，盈也。范鞅以其亡也，怨欒氏。十四年，欒黶彊逐范鞅，使奔秦。○彊其丈反。故與欒盈為公族大夫而不相能。桓子卒，欒祁與其老州賓通，欒祁，桓子妻，范宣子女。盈之母也。范氏，堯後。祁姓。幾亡室矣。言亂甚。○幾其依反。懷子患之。祁懼其討也。愬諸宣子曰。盈將爲亂。以范氏爲死桓主而專政矣。桓主欒黶。曰。吾父逐鞅也。不怒。而以寵報之。謂宣子不爲黶責怒鞅。而反與鞅寵位。又與吾同官而專之。同爲公族大夫。而鞅專其權勢。吾父死而益富。死吾父而專於國。有死而已。吾蔑從之矣。言宣子專政。盈欲以死作難。其謀如是。懼害於主。吾不敢不言。范鞅爲之徵。證其有此。懷子好施。士多歸之。宣子畏其多士也。信之。懷子爲下卿。下軍佐。○

好呼報反施式豉反宣子使城著而遂逐之著晉邑。在外易逐○著直據反。又張慮反易以豉反秋欒盈出奔楚宣子殺箕遺黃淵嘉父司空靖邴豫董叔邴師申書羊舌虎叔羆十子皆晉大夫。欒盈之黨也。羊舌虎。叔向弟囚伯華叔向籍偃籍偃。上軍司馬人謂叔向曰子離於罪其爲不知乎譏其受囚而不能去○知音智叔向曰與其死亡若何言雖囚。何若於死亡詩曰優哉游哉聊以卒歲知也詩小雅。言君子優游於衰世。所以辟害卒其壽。是亦知也樂王鮒見叔向曰吾爲子請叔向弗應出不拜樂王鮒晉大夫樂桓子○鮒音附其人皆咎叔向叔向曰必祁大夫祁大夫祁奚也食邑於祁因以爲氏祁縣今屬大原室老聞之曰樂王鮒言於君無不行其言皆得行求赦吾子吾子不許謂不應出不拜祁大夫所不能也不能動君而曰必由之何也叔向曰樂王鮒從君者也何能行祁大夫外舉不弃讎內舉不失親其獨遺我乎詩曰有覺德行四國順之詩大雅言德行直則天下順之夫子覺者

也。覺。較然正直（較）音角晉侯問叔向之罪於樂王鮒。對曰。不棄其親。其有焉。言叔向篤親親。必與叔虎同謀於是祁奚老矣。老。去公族大夫聞之。乘馹而見宣子曰。詩曰。惠我無疆。子孫保之。詩。周頌也。言文武有惠訓之德。加於百姓故子孫保賴之。（馹）人實反。傳也書曰。聖有謨勳。明徵定保。逸書。謨。謀也。勳。功也。言聖哲有謀功者。當明信定安之。（謨）莫胡反。（勳）如字。書作訓夫謀而鮮過。惠訓不倦者。叔向有焉。謀鮮過。有謨勳也。惠訓不倦。惠我無疆也社稷之固也。猶將十世宥之。以勸能者。今壹不免其身壹以弟故以弃社稷。不亦惑乎。鯀殛而禹興言不以父罪廢其子伊尹放大甲而相之卒無怨色大甲。湯孫也。荒淫失度。伊尹放之桐宮。三年改悔而復之。而無恨心。言不以一怨妨大德管蔡爲戮。周公右王言兄弟罪不相及若之何其以虎也弃社稷。子爲善。誰敢不勉。多殺何爲。宣子說。與之乘。以言諸公而免之共載入見公。○說音悅。見賢遍反。不見叔向而歸言爲國。非私叔向也。○爲于僞反。下同叔向亦不告免焉而朝不告謝之。明不爲己初。叔向之母妬叔虎之母美而不使不使見叔向父故。○妬，丁故反其子皆諫其母。其母曰。深山大澤。實生龍蛇。言非常之地。多生非常之物彼美。余懼其生龍蛇以禍女。女。敝族也。敝。衰壞也。龍蛇喻奇怪。○女音汝國多大寵。六卿專權不仁人間之。不亦難乎。余何愛焉。使往視寢。生叔虎。美而有勇力。欒懷子嬖之。故羊舌氏之族及於難。欒盈過於周。周西鄙掠之。劫掠財物。○間去聲。掠音亮辭於行人王行人也曰。天子陪臣盈諸侯之臣。稱於天子曰陪臣得罪於王之守臣范宣子爲王所命。故曰守臣將逃罪。罪重於郊甸重得罪於郊甸。謂爲郊甸所侵掠也。郭外曰郊。郊外曰甸無所伏竄。敢布其死布。陳也昔陪臣書能輸力於王室。王施惠焉輸力。謂輔相晉國以翼戴天子其子黶不能保任其父之勞。大君若不弃書之力。亡臣猶有所逃。大君。謂天王任音壬若弃書之力。而思黶之罪。臣戮餘也罪戮之餘將歸死於尉氏尉氏。討姦之官不敢還矣。敢布四體。唯大君命焉。布四體。言無所隱。王曰：尤而效之，其又甚焉。尤晉逐盈。而自掠之。是效尤。使司徒禁掠欒氏者。歸所取焉。使侯出諸轘轅。侯。送迎賓客之官也。轘轅關在緱氏縣東南。冬。曹武公來朝，始見也。即位三年。始來見公。會於商任，錮欒氏也。禁錮欒盈。使諸侯不得受。齊侯、衞侯不敬。叔向曰：二君者必不免。會朝，禮之經也；禮，政之輿也；政須禮而行。政，身之守也。政存則身安。怠禮失政，失政不立，是以亂也。爲二十五年齊弒光。二十六年衞弒剽傳。知起、中行

乾隆四十八年[illegible]

喜州綽邢蒯出奔齊四子晉大夫。知音智行戶郎反蒯苦怪反皆欒氏之黨也。樂王鮒謂范宣子曰盍反州綽邢蒯勇士也。宣子曰彼欒氏之勇也余何獲焉言不爲己用王鮒曰子爲彼欒氏乃亦子之勇也言子待之如欒氏。亦爲子用也齊莊公朝指殖綽郭最曰是寡人之雄也。州綽曰君以爲雄誰敢不雄。然臣不敏。平陰之役先二子鳴十八年晉伐齊及平陰。州綽獲殖綽郭最。故自比於雞。鬭勝而先鳴。先二。悉薦反莊公爲勇爵設爵位以命勇士殖綽郭最欲與焉自以爲勇（與）音預下同州綽曰東閭之役臣左驂迫還於門中識其枚數識門板數亦在十八年其可以與於此乎公曰子爲晉君也對曰臣爲隸新言但爲僕隸尚新耳然二子者譬於禽獸臣食其肉而寢處其皮矣言嘗射得之

經二十有二年春王正月公至自會無傳夏四月秋七月辛酉叔老卒無傳子叔齊子冬公會晉侯齊侯宋公衞侯鄭伯曹伯莒子邾子薛伯杞

伯小邾子于沙隨。公至自會。無傳楚殺其大夫公子追舒。書名者，寵近小人，貪而多馬，爲國所患。

傳二十二年春，臧武仲如晉，公頻與晉侯外會，令各將罷還，魯之守卿遣武仲爲公謝不敏，故不書。雨，過御叔。御叔在其邑，將飲酒，御叔，魯御邑大夫。○過，古禾反。御，魚呂反，又魚據反。曰：「焉用聖人？武仲多知，時人謂之聖。○焉，於虔反。我將飲酒而已，雨行，何以聖爲？」穆叔聞之，曰：「不可使也，而傲使人，言御叔不任使四方。○使人，所吏反。任，音壬。國之蠹也。」令倍其賦。古者家有國邑。故以重賦爲罰。傳言穆叔能用教夏。晉人徵朝于鄭召鄭使朝鄭人使少正公孫僑對少正。鄭卿官也。公孫僑。子產曰。在晉先君悼公九年。我寡君於是即位魯襄八年即位八月即位年之八月而我先大夫子駟從寡君以朝于執事。執事不禮於寡君言朝執事。謙不敢斥晉侯寡君懼。因是行也。我二年六月。朝于楚因朝晉不見禮。生朝楚心晉是以有戲之役在九年。戲許宜反○楚人猶競。而申禮於敝邑。敝邑欲從執事。而懼爲大尤。曰晉其謂我不共有禮是以不敢攜貳於楚我四年三月先大夫子蟜又從寡君以觀釁於楚實朝。言觀釁。飾辭也。言欲往視楚。知可去否。○共音恭晉於是乎有蕭魚之役在十一年謂我敝邑邇在晉國譬諸草木吾臭味也晉鄭同姓故而何敢差池差池不齊一。○差初宜反。又初佳反。一七河反。池直知反。一徒河反楚亦不競寡君盡其土實土地所有重之以宗器宗廟禮樂之器。鐘磬之屬以受齊盟齊。同也遂帥羣臣隨于執事以會歲終朝正貳於楚者。子侯。石盂。歸而討之。石盂。石臭。○【盂】音于【臭】勑略反湨梁之明年。湨梁在十六年子蟜老矣。公孫夏從寡君以朝于君。見於嘗酎。酒之新熟。重者爲酎。嘗新飲酒爲嘗酎。○【見】賢遍反。又如字【酎】直又反與執燔焉。【與】音預間二年。聞君將靖東夏。謂二十年澶淵盟○【間】去聲。又如字四月。又朝以聽事期。先澶淵二月往朝。以聽會期不朝之間。無歲不聘。無役不從。以大國政令之無常。國家罷病。不虞荐至。荐。仍也。○【罷】音皮無日不惕。豈敢忘職。

惕懼也大國若安定之其朝夕在庭何辱命焉言自將往不須來召若不恤其患而以爲口實口實但有其言而已其無乃不堪任命而翦爲仇讎翦削也謂見剝削不堪命則成仇讎敝邑是懼其敢忘君命委諸執事執事實重圖之傳言子產有辭所以免大國之討秋欒盈自楚適齊晏平仲言於齊侯曰商任之會受命於晉受錮欒氏之命今納欒氏將安用之小所以事大信也失信不立君其圖之弗聽退告陳文子

曰君人執信臣人執共忠信篤敬上下同之天之道也君自弃也弗能久矣爲二十五年齊弒其君光

傳九月鄭公孫黑肱有疾歸邑于公黑肱子張召室老宗人立段段子石黑肱子而使黜官薄祭黜官無多受職祭以特羊殷以少牢四時祀以一羊三年盛祭以羊豕殷盛也足以共祀盡歸其餘邑曰吾聞之生於亂世貴而能貧民無求焉可以後亡敬共事君與二三子生在敬戒不在富也己巳伯張卒君

子曰。善戒。詩曰。慎爾侯度。用戒不虞。鄭子張其有焉。詩大雅。侯維也。義取慎法度。戒未然。○盡津忍反冬。會于沙隨。復錮欒氏也。晉知欒盈在齊。故復錮也。○復扶又反。下皆同欒盈猶在齊。晏子曰。禍將作矣。齊將伐晉。不可以不懼。爲明年齊伐晉傳楚觀起有寵於令尹子南。未益祿而有馬數十乘。言子南偏寵觀起令富楚人患之。王將討焉。子南之子弃疾爲王御士。御王車者王每見之必泣。弃疾曰。君三泣臣矣。敢問誰之罪也。王曰。令尹之不能。爾所知也。國將討焉。爾其居乎問能止事我否對曰。父戮子居。君焉用之。洩命重刑。臣亦不爲漏泄君命。罪之重。○泄息列反。又以制反王遂殺子南於朝。轘觀起於四竟。轘車裂以徇○轘音患子南之臣。謂弃疾請徙子尸於朝。欲犯命取殯曰。君臣有禮。唯二三子不欲犯命移尸三日。弃疾請尸。王許之。既葬。其徒曰。行乎行。去也曰。吾與殺吾父。行將焉入。曰。然則臣王乎。曰。弃父事讎。吾弗忍也。於事是讎。於實是君。故雖謂讎。而不敢報。○與音預遂縊而死。傳譏康王與人子謀其父。失君臣之義。○縊一賜反復使薳子馮爲令尹。公子齮爲司馬。屈建爲莫敖。屈建。子木也。○齮五綺反屈居勿反有寵於薳子者八人。皆無祿而多馬。他日朝。與申叔豫言。弗應而退。從之。入於人中。申叔辟薳子。不欲與語又從之。遂歸。退朝見之。薳子就申叔家見之曰。子三困我於朝。吾懼。不敢不見。吾過。子姑告我。何疾我也。對曰。吾不免是懼。何敢告子（言恐與子并罪。故不敢與子語。○不見賢遍反）曰。何故。對曰。昔觀起有寵於子南。子南得罪。觀起車裂。何故不懼。自御而歸。不能當道。（蘧子惶懼。意不在御）至。謂八人者曰。吾見申叔夫子。所謂生死而肉骨也。（已死復生。白骨更肉）知我者。如夫子則可。（夫子。謂申叔也。如夫子。謂以義匡已）不然請止。（止。不相知）辭八人者。而後王安之。（辭。遣之）

十二月。鄭游眅將如晉。（游眅。公孫蠆子）未出竟。遭逆妻者。奪之。以館于邑。（舍止其邑。不復行）丁巳。其夫攻子明，殺之，以其妻行。十二月無丁巳。丁巳，十一月十四日也。子展廢良而立大叔，良，游眅子。大叔，眅弟。曰：「國卿，君之貳也，民之主也，不可以苟。請舍子明之類。」子明有罪，而良又不賢，故。俱言捨。求亡妻者，使復其所。使游氏勿怨，鄭國[illegible]尊殺之人所[illegible]抑[illegible]扶弱，臨時之宜。曰：「無昭惡也。」交怨。

春秋經傳集解襄公三第十六



內閣中書臣羅錦森敬書

春秋卷十六考證

十六年會於湨梁○案湨扃闃反音狊水名梁水堤也爾雅云梁莫大於湨梁字當從狊彙纂定本與原本同他本俱作溴乃尺又反玉篇云水氣也義不可通但經史此字從臭者多輾轉傳訛率皆不辨

十七年傳爲平公築臺妨於農收○案築臺在十一月夏十一月周九月時當收斂故曰農收下農功之畢則通指三時而言閣本農收字亦作功訛

澤門之皙○案說文皙人色白也周禮地官墳衍其民皙而瘠从析从白與此正合彙纂定本杜林合註本

作哲乃明辨之義　殿本閣本作哲乃昭融之謂其義各異應從原本

十八年傳左驂迫旋於門中○門字上彙纂定本　殿本閣本俱有東字案此承上句門於東閭原本無東字似非脫誤

十九年傳穆叔歸曰齊猶未也不可以不懼○殿本閣本俱無歸字案上言穆叔見叔向賦載馳四章以求助叔向許之此則歸語魯人之言若無歸字則此二句似仍與叔向言矣

二十一年傳書曰聖有謩勳明徵定保註當明信定安

之○　殿本閣本無信字義雖可通但信字正釋徵字自不可畧

二十一年傳對曰吾不免是懼註言恐與子拚罪○案拚罪謂與薳子拚得罪如下文所云子南觀起是也

殿本監本拚字作所字義不可曉

鄭游眅將如晉○案眅字彙纂定本與此同說文云春秋傳鄭游眅字子明从目反聲普班切　殿本閣本則作眅廣韻集韻普版切人名亦引此傳然廣韻集韻究不如說文之足據耳

春秋經傳集解襄公四第十七　盡二十五年

經二十有三年春王二月癸酉朔日有食之無傳杞伯匄卒五同盟○匄古害反夏邾畀我來奔無傳畀我是庶其之黨同有竊邑叛君之罪來奔故書○畀必利反葬杞孝公無傳陳殺其大夫慶虎及慶寅書名皆罪其專國叛君○言及○史異辭○無義例陳侯之弟黃自楚歸于陳諸侯納之曰歸○黃至楚自理得直○故爲楚所納晉欒盈復入于晉以惡入曰復入

乾隆四十八年

入于曲沃兵敗奔曲沃據曲沃衆還與君爭非欲出附他國故不言叛◎還戶關反秋齊侯伐衛遂伐晉兩事故言遂八月叔孫豹帥師救晉次于雍榆豹救晉待命于雍榆故書次雍榆晉地汲郡朝歌縣東有雍城◎雍於用反朝如字己卯仲孫速卒孟莊子也冬十月乙亥臧孫紇出奔邾書名者阿順季氏爲之廢長立少以取奔亡罪之晉人殺欒盈齊侯襲莒輕行掩其不備曰襲因伐晉還襲莒不言遂者間有事◎輕遣政反

傳二十三年春杞孝公卒晉悼夫人喪之悼夫

人。皆平公母。杞孝公姊妹。○喪如字平公不徹樂非禮也徹。去也禮爲鄰國闕禮。諸侯絕期。故以鄰國責之。○爲于僞反期居其反陳侯如楚朝也公子黃愬二慶於楚楚人召之二慶虎及寅也。二十年。二慶譖黃。黃奔楚自理。今陳侯往。楚乃信黃。爲召二慶。○愬息路反使慶樂往殺之慶樂。二慶之族。二慶畏誅。故不敢自往。○使慶樂往。絕句慶氏以陳叛因陳侯在楚而叛之。不書叛。不以告夏屈建從陳侯圍陳陳人城治城以距君。屈建。楚莫敖。○從才用反。又如字板隊而殺人役人相命各殺其長慶氏忿其板隊。遂殺築人。故役人怒而作亂。○隊直類反 遂殺慶虎慶寅。楚人納公子黃。君子謂慶氏不義不可肆也 肆。放也 故書曰惟命不于常 周書康誥。言有義則存。無義則亡 晉將嫁女于吳。齊侯使析歸父媵之。以藩載欒盈及其士 藩。車之有障蔽者。使若媵妾在其中。○析星礫反。媵以正反。藩方元反 納諸曲沃 欒盈邑也 欒盈夜見胥午而告之 胥午。守曲沃大夫 對曰。不可。天之所廢。誰能興之。子必不免。吾非愛死也。知不集也 集。成也。○知音智。又如字 盈曰。雖然。因子而死吾無悔矣我實不天子無咎焉言我雖不爲天所祐子無天咎故可因許諾伏之而觴曲沃人胥午匿盈而飲其衆○飲於鴆反樂作午言曰今也得欒孺子何如孺子欒盈對曰得主而爲之死猶不死也皆歎有泣者爵行又言皆曰得主何貳之有盈出徧拜之謝衆之思己四月欒盈帥曲沃之甲因魏獻子。以晝入絳獻子魏舒絳晉國都初欒盈佐魏莊子於下軍莊子魏絳獻子之父獻子私焉故因之私相親愛趙氏以原屛之難怨欒氏成八年莊姬譖之欒郤爲徵○屛薄輕反韓趙方睦韓起讓趙武故和睦中行氏以伐秦之役怨欒氏十四年晉伐秦欒黶違荀偃命曰余馬首欲東而固與范氏和親范宣子佐中行偃於中軍知悼子少而聽於中行氏悼子知罃之子荀盈也少年十七知氏中行氏同祖故相聽從○知音智程鄭嬖於公鄭亦荀氏宗唯魏氏及七輿大夫與之七輿官名樂王鮒侍坐於范宣子或告曰欒氏至矣宣子懼桓子曰奉君以走固宮必無害也桓子樂王鮒且欒

氏多怨。子爲政。欒氏自外。子在位。其利多矣。旣有利權。又執民柄。賞罰爲民柄將何懼焉。欒氏所得。其唯魏氏乎。而可强取也。夫克亂在權。子無懈矣。公有姻喪。夫人有杞喪。强其丈反王鮒使宣子墨縗冒絰。晉自殽戰還遂常墨縗。縗七雷反二婦人輦以如公。恐欒氏有內應距之故爲婦人服而入奉公以如固宮。固宮宮之有臺觀備守者。觀古喚反范鞅逆魏舒。用王鮒計欲强取之則成列旣乘。將逆欒氏矣。趨進。曰。欒氏帥賊以入鞅之父與二三子在君所矣。二三子，諸大夫。使鞅逆吾子。鞅請驂乘持帶。驂乘必持帶，備隋隊。隋，徒果反。隊，直類反。遂超乘。跳上獻子車。跳，徒彫反。右撫劒左援帶。劫之。援音袁。命驅之出。僕請，請所至。鞅曰之公。宣子逆諸階，逆獻子。執其手，賂之以曲沃。恐不與己同心。初，斐豹隸也，著於丹書。蓋犯罪沒爲官奴，以丹書其罪。斐音非，一芳匪反。欒氏之力臣曰督戎，國人懼之。斐豹謂宣子曰：苟焚丹書，我殺督戎。宣子喜曰：而殺之，所不請於君焚丹書者。有如日言不負要。明如日乃出豹而閉之閉著門外。著陟略反○督戎從之。踰隱而待之隱。短牆也督戎踰入。豹自後擊而殺之。范氏之徒在臺後公臺之後欒氏乘公門乘登也宣子謂鞅曰。矢及君屋。死之。鞅用劍以帥卒用劍。短兵接敵。欲致死欒氏退。攝車從之鞅攝宣子戎車遇欒樂樂。欒盈之族曰。樂免之。死將訟女於天言雖死猶不舍女罪樂射之不中。又注注。屬矢於弦也。○射食亦反中去聲注之住反屬之玉反則乘槐本而覆欒樂車櫟槐而覆。○覆芳服反櫟音歷或以戟鉤之斷肘而死欒魴傷欒盈奔曲沃晉人圍之魴。欒氏族。○斷音短秋齊侯伐衛先驅穀榮御王孫揮召揚爲右先驅。前鋒軍○召上照反申驅成秩御莒恒申鮮虞之傅摯爲右申驅。次前軍。傅摯。申鮮虞之子○鮮音僊曹開御戎晏父戎爲右公御右也貳廣上之登御邢公盧蒲癸爲右貳廣。公副車○廣古曠反啓牢成御襄罷師狼蘧疏爲右左翼曰啓。○罷音皮又音彼。一皮買反胠商子車御侯朝桓跳爲右右翼曰肱。○肱起居反。又音脅。朝如字。一直遙反。跳徒彫反。大殿。商子游御夏之御寇。崔如爲右。○大殿，後軍。殿都練反。夏戸雅反。御魚呂反。燭庸之越駟乘。四人共乘殿車也。傳具載此，言莊公廢舊臣，任武力。自衛將遂伐晉。晏平仲曰：君恃勇力以伐盟主，若不濟，國之福也。不德而有功，憂必及君。崔杼諫曰：不可。臣聞之，小國閒大國之敗而毀焉，必受其咎。君其圖之。弗聽。陳文子見崔武子，文子，陳完之孫須無。武子，崔杼也。曰：將如君

乾隆四十八年

何武子曰吾言於君君弗聽也以爲盟主而利其難羣臣若急君於何有言有急不能顧君欲弒之以說晉子姑止之文子退告其人曰崔子將死乎謂君甚而又過之弒君之惡過於背盟主不得其死過君以義猶自抑也況以惡乎自抑損齊侯遂伐晉取朝歌朝歌今屬汲郡爲二隊入孟門登大行二隊分兵爲二部孟門晉隘道大行山在河內郡北○隊徒對反大音泰張武軍於熒庭張武軍謂築壘壁熒庭晉地○熒戶扃反戍郟邵取晉邑而守之○郟

婢支反封少水封晉尸於少水以為京觀○少詩照反以報平陰之役乃還平陰役在十八年趙勝帥東陽之師以追之獲晏氂趙勝趙旃之子東陽晉之山東魏郡廣平以北晏氂齊大夫○勝音升一申證反氂力之反八月叔孫豹帥師救晉次于雍榆禮也救盟主故曰禮季武子無適子公彌長而愛悼子欲立之公彌公鉏悼子紇也適丁歷反紇恨發反○訪於申豐曰彌與紇吾皆愛之欲擇才焉而立之申豐趨退歸盡室將行申豐季氏屬大夫他日又訪焉

對曰其然將具敝車而行（其然猶必爾）乃止（止不立紇）訪於臧紇臧紇曰飲我酒吾爲子立之季氏飲大夫酒臧紇爲客（爲上賓○飲於鴆反下同）既獻（已獻酒）臧孫命北面重席新樽絜之（酒樽既新復絜滌之○重去聲）召悼子降逆之大夫皆起（臧孫下迎悼子）及旅而召公鉏（獻酬禮畢而通行爲旅）使與之齒（使從庶子之禮列在悼子之下）季孫失色（恐公鉏不從）季氏以公鉏爲馬正（馬正家司馬）慍而不出閔子馬見之（閔子馬閔馬父）曰子無然

禍福無門。唯人所召。爲人子者。患不孝。不患

無所。所。位處敬共父命。何常之有。言廢置在父。無常位也

若能孝敬。富倍季氏可也。父寵之則可富姦回不軌。

禍倍下民可也。禍甚於貧賤公鉏然之。敬共朝夕。

恪居官次。次。舍也季孫喜。使飲己酒。而以具往。

盡舍旃。具。饗燕之具。舍音捨故公鉏氏富。又出爲公

左宰。出季氏家臣。仕於公孟孫惡臧孫。不相善。惡烏路反季孫

愛之。愛其成己志孟氏之御騶豐點好羯也。羯。孟莊子

之庶子孺子秩之弟孝伯也騶側留反好呼報反羯居竭反曰從余言必爲孟孫爲孟孫後再三云羯從之孟莊子疾豐點謂公鉏苟立羯請讎臧氏使孟氏與公鉏共憎臧孫公鉏謂季孫曰孺子秩固其所也固自當立若羯立則季氏信有力於臧氏矣臧氏因季孫之欲而爲定之猶爲有力令若專立孟氏之少則季氏有力過於臧氏弗應己卯孟孫卒公鉏奉羯立于戶側戶側喪主季孫至入哭而出曰秩焉在公鉏曰羯在此矣季孫曰孺子長公鉏

曰何長之有唯其才也季孫廢鉏立紇云欲擇才故以此荅之且夫子之命也遂誣孟孫遂立羯秩奔邾臧孫入哭甚哀多涕出其御曰孟孫之惡子也而哀如是季孫若死其若之何臧孫曰季孫之愛我疾疢也常志相順從身之害○疢耻刃反孟孫之惡我藥石也常志相違戾猶藥石之療疾美疢不如惡石夫石猶生我愈己疾也疢之美其毒滋多孟孫死吾亡無日矣孟氏閉門告於季孫曰臧氏將爲亂不

使我葬。欲爲公鉏雖臧氏季孫不信。臧孫聞之，戒。戒。爲備也冬十月，孟氏將辟，藉除於臧氏。辟，穿藏也。於臧氏借人除葬道。辟婢亦反，又甫亦反。藉音借，又如字。藏去聲臧孫使正夫助之。正夫，隧正。隧音遂除於東門，甲從己而視之。畏孟氏，故從甲士視作者。從才用反，一如字。孟氏又告季孫。季孫怒，命攻臧氏。見其有甲故乙亥，臧紇斬鹿門之關以出。奔邾。魯南城東門初，臧宣叔娶于鑄，生賈及爲而死。鑄國，濟北蛇丘縣所治。蛇音移繼室以其姪。女子謂兄弟之子爲姪○姪大結反。又丈一反穆姜之姨子也。姪，穆姜姨母之子。與穆姜爲姨昆弟。生紇。長於公宮。姜氏愛之。故立之。立爲宣叔嗣。臧賈、臧爲出在鑄。還舅氏也。臧武仲自邾使告臧賈，且致大蔡焉。大蔡，大龜。曰：「紇不佞，失守宗祧。遠祖廟爲祧○祧，他凋反。敢告不弔。不爲天所弔恤。紇之罪不及不祀。言應有後。子以大蔡納請，其可。」請爲先人立後。賈曰：「是家之禍也，非子之過也。賈聞命矣。」再拜受龜。使爲以納請，賈使爲爲己請。遂自爲也。爲自爲請。臧孫如

乾隆四十八年

防防。臧孫邑使來告曰。紇非能害也。知不足也。言使甲從己。但慮事淺耳。知音智非敢私請爲其先人請也苟守先祀。無廢二勳二勳。文仲宣叔敢不辟邑據邑請後。故孔子以爲要君乃立臧爲。臧紇致防而奔齊。其人曰。其盟我乎謂陳其罪惡。盟諸大夫以爲戒臧孫曰無辭廢長立少。季孫所忌。故謂無辭以罪己將盟臧氏。季孫召外史掌惡臣而問盟首焉惡臣。謂奔亡者。盟首。載書之章首對曰。盟東門氏也。曰。毋或如東門遂。不聽公命。殺適立庶。文公命立子惡公子遂殺之立宣公盟叔孫氏也曰毋或如叔孫僑如欲廢國常蕩覆公室謂諸公與季孟於晉○覆芳服反季孫曰臧孫之罪皆不及此孟椒曰盍以其犯門斬關季孫用之乃盟臧氏曰無或如臧孫紇干國之紀犯門斬關干亦犯也臧孫聞之曰國有人焉誰居其孟椒乎孟椒孟獻子之孫子服惠伯居猶與也○居音基與音餘晉人克欒盈于曲沃盡殺欒氏之族黨欒魴出奔宋書曰晉人殺欒盈不言大夫

言自外也自外犯君而入。非復晉大夫齊侯還自晉。不入不入國遂襲莒門于且于且于。莒邑。且子餘反。傷股而退齊侯傷明日將復戰期于壽舒壽舒。莒地杞殖華還載甲夜入且于之隧。宿於莒郊二子。齊大夫。且于隧。狹路。殖市力反華胡化反還音旋明日先遇莒子於蒲侯氏蒲侯氏。近莒之邑莒子重賂之使無死曰請有盟欲以盟要二子。無致死戰華周對曰貪貨棄命。亦君所惡也。華周即華還昏而受命。日未中而棄之。何以事君。

莒子親鼓之。從而伐之。獲杞梁。杞梁即杞殖莒人行成。勝大國益懼。故行成齊侯歸。遇杞梁之妻於郊。梁戰死。妻行迎喪使弔之。辭曰。殖之有罪。何辱命焉。言若有罪。不足弔若免於罪。猶有先人之敝廬在。下妾不得與郊弔。婦人無外事。故下猶賤也○與音預齊侯弔諸其室。傳善婦人有禮齊侯將爲臧紇田。與之田邑臧孫聞之。見齊侯。與之言伐晉。齊侯自道伐晉之功○見賢遍反。齊侯絕句對曰。多則多矣。抑君似鼠。夫鼠晝伏夜動。不宂於寢廟畏人故也今君聞晉之亂而後作焉作起兵也寧將事之非鼠如何乃弗與田臧孫知齊侯將敗不欲受其邑故以比鼠欲使怒而止仲尼曰知之難也有臧武仲之知謂能辟齊禍知音智下同而不容於魯國抑有由也作不順而施不恕也夏書曰念茲在茲逸書也念此事在此身言行事當常念如在己身也順事恕施也

經二十有四年春叔孫豹如晉賀克欒氏仲孫羯帥師侵齊夏楚子伐吳秋七月甲子朔日有

食之既（無傳）齊崔杼帥師伐莒。大水（無傳）八月癸巳朔日有食之（無傳）公會晉侯宋公衞侯鄭伯曹伯莒子邾子滕子薛伯杞伯小邾子于夷儀。冬楚子蔡侯陳侯許男伐鄭。公至自會（無傳）陳鍼宜咎出奔楚（陳鍼子八世孫慶氏之黨書名惡之也○鍼其廉反惡烏路反）叔孫豹如京師。大饑（無傳）

傳二十四年春穆叔如晉范宣子逆之問焉曰古人有言曰死而不朽何謂也穆叔未對

宣子曰。昔匄之祖。自虞以上爲陶唐氏。陶唐。堯所治地。大原晉陽縣也。終虞之世以爲號。故曰自虞以上在夏爲御龍氏謂劉累也。事見昭二十九年在商爲豕韋氏豕韋。國名。東郡白馬縣東南有韋城在周爲唐杜氏唐。杜。二國名。殷末。豕韋國於唐。周成王滅唐。遷之於杜。爲杜伯。杜伯之子隰叔奔晉。四世及士會。食邑於范。復爲范氏。杜。今京兆杜縣晉主夏盟爲范氏。其是之謂乎。晉爲諸夏盟主。范氏復爲之佐。言已世爲興家穆叔曰。以豹所聞。此之謂世祿。非不朽也。魯有先大夫曰臧文仲。既沒。其言立。

（立。謂不廢絶）其是之謂乎。豹聞之大上有立德（黃帝堯舜。）其次有立功（禹稷）其次有立言（史佚。周任。臧文仲）（大音泰）雖久不廢。此之謂不朽。若夫保姓受氏。以守宗祊（祊廟門。祊布彭反）世不絶祀。無國無之。祿之大者。不可謂不朽（傳善穆叔之知言）范宣子爲政。諸侯之幣重。鄭人病之。二月。鄭伯如晉。子產寓書於子西。以告宣子（寓。寄也）曰。子爲晉國。四鄰諸侯。不聞令德。而聞重幣。僑也惑之。僑聞君子長國家者。非無賄之患。而無令名之難。夫諸侯之賄聚於公室。則諸侯貳。貳。離也。(長)丁丈反。若吾子賴之。則晉國貳。賴。恃用之。諸侯貳。則晉國壞。晉國貳。則子之家壞。何沒沒也。沒沒。沈滅之言。(沒)如字。一音妹。將焉用賄。夫令名。德之輿也。德須令名以遠聞。(聞)音問。又如字。德。國家之基也。有基無壞。無亦是務乎。有德則樂。樂則能久。詩云。樂旨君子。邦家之基。有令德也夫。詩小雅。言君子樂美其道。爲邦家之基。所以濟令德。

○樂(樂)竝音洛 上帝臨女。無貳爾心。有令名也夫詩大雅。言武王爲天所臨。不敢懷貳心。所以濟令名。○(女)音汝 恕思以明德。則令名載而行之。是以遠至邇安。毋寧使人謂子。子實生我無寧。寧也 而謂子浚我以生乎浚。取也。言取我財以自生 象有齒以焚其身。賄也焚。斃也 宣子說。乃輕幣。是行也。鄭伯朝晉。爲重幣故。且請伐陳也。鄭伯稽首。宣子辭。子西相。曰。以陳國之介恃大國。而陵虐於敝邑。介。因也。大國。楚也 寡君是

武英殿仿宋本

以請罪焉請得罪於陳也敢不稽首爲明年鄭入陳傳孟孝伯侵齊晉故也前年齊伐晉魯爲晉報侵夏楚子爲舟師以伐吳舟師水軍不爲軍政不設賞罰之差無功而還爲下吳召舒鳩起本齊侯既伐晉而懼將欲見楚子楚子使薳啓彊如齊聘且請期請會期彊其良反又居良反齊社蒐軍實使客觀之祭社因閱數軍器以示薳啓彊陳文子曰齊將有寇吾聞之兵不戢必取其族戢藏也族類也取其族還自害也戢側立反秋齊侯聞將有晉師夷儀之師

使陳無宇從薳啓彊如楚辭且乞師辭有晉師。未得相見崔杼帥師送之遂伐莒侵介根介根莒邑今城陽黔陬縣東北計基城是也。齊既與莒平。因兵出侵之。言無信也。黔其廉反。又其今反陬側留反會于夷儀將以伐齊水不克晉合諸侯以報前年見伐冬楚子伐鄭以救齊門于東門次于棘澤以齊無宇乞師故也諸侯還救鄭夷儀諸侯晉侯使張骼輔躒致楚師求御于鄭欲得鄭人自御。知其地利故也。骼庚百反。一古洛反。躒力狄反。又音洛鄭人卜宛射犬吉射犬。鄭公孫。宛於元反射食亦反子大叔戒之曰。大國之人。不可與也。言不可與等也。欲使卑下之。大叔。游吉。○大叔音泰對曰。無有衆寡。其上一也。言在已上者有常分。無大小國之異大叔曰。不然。部婁無松柏。部婁。小阜。松柏。大木。喻小國異於大國。○部蒲口反。又扶苟反。婁路口反。又力侯反二子在幄。坐射犬于外。二子。張骼輔躒。幄。帳也既食而後食之。使御廣車而行。廣車。兵車。○後食音嗣。廣古曠反已。皆乘乘車。乘車。安車將及楚師。而後從之乘。皆踞轉而鼓琴。轉。衣裝。○轉張戀反近不告而馳之。射犬恨。故近敵不告而馳皆取胄於櫜而胄。入壘皆下。搏人以投。收禽挾囚禽。獲也。○櫜古毛反挾音協弗待而出射犬又不待二子皆超乘。抽弓而射。既免。復踞轉而鼓琴。曰。公孫同乘兄弟也言同乘。義如兄弟胡再不謀謂不告而馳。不待而出對曰。曩者志入而已。今則怯也。皆笑。曰。公孫之亟也。亟。急也。言其性急。不能受屈楚子自棘澤還。使薳啟彊帥師送陳無宇傳言齊楚固相結也吳人爲楚舟師之役故在此年夏。○爲于僞反召舒鳩人。舒鳩人叛楚（舒鳩。楚屬國。召欲與共伐楚）楚子師于荒浦（荒浦舒鳩地）使沈尹壽與師祁犂讓之（二子。楚大夫）舒鳩子敬逆二子。而告無之。且請受盟。二子復命。王欲伐之。薳子曰。不可。（令尹薳子馮）彼告不叛。且請受盟。而又伐之。伐無罪也。姑歸息民。以待其卒。（卒。終也）卒而不貳。吾又何求。若猶叛我。無辭有庸。乃還。（彼無辭。我有功。爲明年楚滅舒鳩傳）陳人復討慶氏之黨。鍼宜咎出奔楚。（言宜咎所以稱名）齊人城郟郟。王城也。於是穀雒鬬毀王宮。齊叛晉。欲求媚於天子。故爲王城之○郟古洽反穆叔如周聘。且賀城。王嘉其有禮也。賜之大路。大路。天子所賜車之揔名。爲昭四年叔孫以所賜路葬張本晉侯嬖程鄭。使佐下軍。代欒盈也鄭行人公孫揮如晉聘。揮。子羽也程鄭問焉。曰。敢問降階何由。問自降下之道子羽不能對。歸以語然明。然明。鬷蔑○語魚據反鬷子公反然明曰。是將死矣。不然將亡。貴而知懼。懼而思降。乃得其階。階猶道也下人而已。又何問焉。言易知且夫既登而求降階者。知人也。不在程鄭。其有亡釁乎。不然。其有惑疾。將死而憂也。言鄭本小人。爲明年程鄭卒張本。○知音智。

經。二十有五年。春。齊崔杼帥師伐我北鄙。夏。五月乙亥。齊崔杼弑其君光。齊侯雖背盟主。未有無道於民。故書臣。罪崔杼也。公會晉侯、宋公、衞侯、鄭伯、曹伯、莒子、邾子、滕子、薛伯、杞伯、小邾子于夷儀。六月。壬子。鄭公孫舍之帥師入陳。子産之言。陳以不義見入。故舍

之無譏。釋例詳之

秋。八月。己巳。諸侯同盟于重丘。夷儀之諸侯也。重丘。齊地。己巳。七月十一日。經誤。○重直龍反

公至自會。傳無

衛侯入于夷儀。夷儀本邢地。衛滅邢而爲衛邑。晉愍衛衎失國。使衛分之一邑。書入者。自外而入之辭。非國逆之例。○衎苦旦反

楚屈建帥師滅舒鳩。傳在衛侯入夷儀上。經在下。從告

冬。鄭公孫夏帥師伐陳。陳猶未服

十有二月。吳子遏伐楚。門于巢。卒。遏。諸樊也。爲巢牛臣所殺。不書滅者。楚人不獲其尸。吳以卒告。未同盟而赴以名。○遏音頞。又音謁

傳。二十五年。春。齊崔杼帥師伐我北鄙。以報

孝伯之師也前年魯使孟孝伯爲晉伐齊公患之。使告于晉。孟公綽曰。崔子將有大志志在弒君。孟公綽。魯大夫不在病我。必速歸。何患焉。其來也不寇不爲寇害使民不嚴欲得民心異於他日。齊師徒歸也徒。空齊棠公之妻。東郭偃之姊也棠公。齊棠邑大夫東郭偃臣崔武子。棠公死。偃御武子以弔焉。見棠姜而美之美其色也使偃取之爲己取也。○取如字。又七住反偃曰。男女辨姓辨。別也今君出自丁齊丁公。崔杼之祖臣出自桓不可齊桓公小白。東郭偃之祖。同姜姓。故不可昏武子筮之遇困䷮坎下兌上。困之大過䷛巽下兌上。大過。困六三變為大過史皆曰吉阿崔子示陳文子文子曰夫從風坎為中男故曰夫變而為巽故曰從風風隕妻不可娶也風能隕落物者變而隕落故曰妻不可娶且其繇曰困于石據于蒺蔾入于其宮不見其妻凶。困六三爻辭繇直又反困于石。往不濟也坎為險為水水之險者石不可以動據于蒺蔾所恃傷也坎為險兌為澤澤之生物而險者蒺蔾恃之則傷入于其宮不見其妻凶無所歸也易曰非所困而困名必辱非所據而據身必危既辱且危死期將至妻其可得見邪今卜昏而遇此卦六三失位無應則喪其妻失其所歸也崔子曰嫠也何害先夫當之矣寡婦曰嫠言棠公巳當此凶遂取之莊公通焉驟如崔氏以崔子之冠賜人侍者曰不可公曰不爲崔子其無冠乎言雖不爲崔子猶自應有冠崔子因是因是怒公又以其閒伐晉也閒晉之難而伐之曰晉必將報欲弒公以說于晉而不獲閒公鞭侍人賈舉而又近之乃

爲崔子間公伺公間隙。說音悅，又如字。爲去聲，下同。夏五月。莒爲且于之役故，莒子朝于齊。且于役在二十三年。且音疽。甲戌，饗諸北郭。崔子稱疾不視事。欲使公來。乙亥。公問崔子，問疾。遂從姜氏。姜入于室，與崔子自側戶出。公拊楹而歌。歌以命姜。拊，芳甫反。侍人賈舉止衆從者而入，閉門。爲崔子閉公也。重言侍人者，別下賈舉。甲興。公登臺而請，弗許。請盟，弗許。請自刃於廟，請免。弗許。求還廟自殺也。皆曰：「君之臣杼疾病，不能聽命不能親聽公命近於公宮言崔子宮近公宮或淫者詐稱公陪臣干掫有淫者不知二命干掫，行夜。言行夜得淫人，受崔子命討之。不知他命。○干讀曰扞，胡旦反，又如字。掫側柳反。又子俱反。一音陬。說文：掫，夜戒有所擊也。○行去聲公踰牆。又射之，中股，反隊，遂弑之。賈舉州綽邴師公孫敖封具鐸父襄伊僂堙皆死八子皆齊勇力之臣。為公所嬖者。與公共死於崔子之宮。○射食亦反。中丁仲反。隊直類反。僂力侯反。堙音因祝佗父祭於高唐高唐有齊別廟也至復命不說弁而死於崔氏爵弁，祭服。○說他活反申蒯侍漁者（侍漁。監取魚之官。○蒯苦怪反）退謂其宰曰。爾以帑免（帑。宰之妻子○帑音奴）我將死。其宰曰。免是反子之義也。與之皆死（反死君之義）崔氏殺鬷蔑于平陰（鬷蔑平陰大夫。公外嬖。傳言莊公所養非國士。故其死難。皆嬖寵之人）晏子立於崔氏之門外（聞難而來）其人曰。死乎。曰。獨吾君也乎哉。吾死也（言己與衆臣無異）曰。行乎。曰。吾罪也乎哉。吾亡也（自謂無罪）曰。歸乎。曰。君死安歸（言安可以歸）君民者。豈以陵民。社稷是主。臣君者。豈為其口實社稷是養【言君不徒居民上臣不徒求祿皆爲社稷○爲于僞反注及下同】故君爲社稷死則死之爲社稷亡則亡【謂以公義死亡】若爲己死而爲己亡非其私暱誰敢任之【私暱所親愛也非所親愛無爲當其禍○暱女乙反任音壬】且人有君而弒之吾焉得死之而焉得亡之【言己非正卿見待無異於衆臣故不得死其難也】將庸何歸【將用死亡之義何所歸趣】門啓而入枕尸股而哭【以公尸枕己股○枕之鴆反】興三踊而出人謂崔子必殺之崔子曰民之望也

舍之得民舍。置也盧蒲癸奔晉。王何奔莒二子。莊公黨。爲二十八年殺慶舍張本叔孫宣伯之在齊也宣伯。魯叔孫僑如。成十六年奔齊叔孫還納其女於靈公。嬖。生景公還。齊羣公子。納宣伯女於靈公。○還音旋丁丑。崔杼立而相之。慶封爲左。相盟國人於大宮大宮。大公廟曰。所不與崔慶者。晏子仰天歎曰。嬰所不唯忠於君利社稷者是與。有如上帝。乃歃盟書云。所不與崔慶者。有如上帝。讀書未終。晏子抄荅易其辭。因自歃。○歃所洽反辛巳。公與大夫及莒子盟。莒子朝齊。遇崔杼作亂。未去。故復與景公盟。大史書曰。崔杼弒其君。崔子殺之。其弟嗣書而死者二人。嗣。續也。并前有三人死。其弟又書。乃舍之。南史氏聞大史盡死。執簡以往。聞既書矣。乃還。傳言齊有直史。崔杼之罪所以聞。閭丘嬰以帷縳其妻而載之。與申鮮虞乘而出。二子。莊公近臣。縳直轉反。鮮虞推而下之。下嬰妻也。推如字。又他回反。曰。君昏不能匡。危不能救。死不能死。而知匿其暱。匿。藏也。暱。親也。暱女乙反。其誰納之。

行及弇中將舍弇中狹道。○弇於檢反，又於廉反。嬰曰：崔慶其追我。鮮虞曰：一與一，誰能懼我？言道狹，雖衆無所用。遂舍，枕轡而寢。恐失馬也。○枕，之鴆反。食馬而食，駕而行，出弇中，謂嬰曰：速驅之，崔慶之衆不可當也。道廣，衆得用，故不可當。○食馬，音嗣。遂來奔。崔氏側莊公于北郭。側，瘞埋之，不殯於廟。丁亥，葬諸士孫之里。士孫，人姓，因名里。死十三日便葬，不待五月。四翣，喪車之飾，諸侯六翣。○翣，所甲反。不蹕，蹕，止行人。下車七乘，不以兵甲。下車，送葬之車。齊舊依上公禮九乘。

又有兵甲。今皆降損晉侯濟自泮泮闕會于夷儀伐齊。以報朝歌之役朝歌役在二十三年。不書伐齊。齊人逆服。兵不加齊人以莊公說以弒莊公說晉也〇說如字。又音悅使隰鉏請成。慶封如師慶封獨使於晉。不通諸侯。故不書。鉏。隰朋之曾孫。〇鉏仕居反男女以班賂晉侯以宗器樂器宗器。祭祀之器。樂器。鍾磬之屬自六正三軍之六卿五吏三十帥五吏。文職。三十帥。武職。皆軍卿之屬官。〇帥所類反三軍之大夫。百官之正長師旅百官正長。羣有司也。師旅。小將帥及處守者皆有賂皆以男女爲賂。處守。守國者。○處守手又反晉侯許之晉侯受賂還。不譏者。齊有喪。師自宜退使叔向告於諸侯告齊服公使子服惠伯對曰。君舍有罪。以靖小國。君之惠也。寡君聞命矣。晉侯使魏舒、宛沒逆衛侯。衛獻公以十四年奔齊。○宛於元反將使衛與之夷儀。崔子止其帑。以求五鹿。崔杼欲得衛之五鹿。故留衛侯妻子於齊以質之初陳侯會楚子伐鄭。在前年當陳隧者。井堙木刊。隧。徑也。堙。塞也。刊。除也鄭人怨之。六月。鄭子展、子產帥車七百乘伐陳。宵突陳城突。穿也遂入之。陳侯扶其大子偃師奔墓欲逃家間遇司馬桓子曰。載余陳之司馬曰將巡城不欲載公。以巡城辭遇賈獲賈獲。陳大夫載其母妻。下之而授公車。公曰。舍而母。辭曰。不祥雖急。猶不欲男女無別與其妻扶其母以奔墓。亦免。子展命師無入公宮。與子產親御諸門欲服之而已。故禁侵掠。○御魚呂反。掠音亮陳侯使司馬桓子賂以宗器。陳侯免擁社免。喪服。擁社。抱社主。示服。○免音問。注同使其衆男女別而纍。以待於朝纍。自因係以待命。(纍)纍類悲反。一呂軌反子展執縶而見見陳侯。(縶)陟立反再拜稽首。承飲而進獻承飲。奉觴。示不失臣敬子美入。數俘而出子美。子產也。但數其所獲人數。不將以歸。(數)所主反祝祓社。司徒致民。司馬致節。司空致地。乃還祓。除也。節。兵符。陳亂。故正其衆官。脩其所職。以安定之。乃還也。(祓)芳弗反。又音廢

秋七月己巳。同盟于重丘。齊成故也伐齊而稱同盟。以明齊亦同盟

趙文子爲政趙武代范匄令薄諸侯之幣。而重其禮以重禮待諸侯穆叔見之。謂穆叔曰。自今

以往兵其少弭矣弭止也○弭亡氏反齊崔慶新得政。將求善於諸侯武也知楚令尹令尹屈建若敬行其禮道之以文辭以靖諸侯兵可以弭爲二十七年晉楚盟于宋傳楚薳子馮卒屈建爲令尹屈建子木屈蕩爲莫敖代屈建宣十二年邲之役楚有屈蕩爲左廣之右世本屈蕩屈建之祖父令此屈蕩與之同姓名○邲扶必反廣古曠反舒鳩人卒叛前年辭不叛楚令尹子木伐之及離城離城舒鳩城吳人救之子木遽以右師先先至舒鳩子彊息桓子捷子駢子孟帥左師以退。五人不及子木。與吳相遇而退。吳人居其間七日。居楚兩軍之間。子彊曰：久將墊隘，隘乃禽也。不如速戰。墊隘。慮水而○墊丁念反。請以其私卒誘之，簡師陳以待我。簡閱精兵。駐後爲陳。○陳直覲反。我克則進，奔則亦視之，視其形勢而救助之。乃可以免。不然必爲吳禽。從之。五人以其私卒先擊吳師。吳師奔。登山以望，見楚師不繼，復逐之。傅諸其軍。吳還逐五子。至其本軍。○傅音附。簡師會之。吳師大敗。遂圍舒鳩。舒鳩潰。八月。楚滅舒鳩。五子既敗吳師。遂前及子木。共圍滅舒鳩。衛獻公入于夷儀。爲下自夷儀與甯喜言張本。鄭子產獻捷于晉。獻入陳之功。而不獻其俘。戎服將事。戎服。軍旅之衣。異於朝服。晉人問陳之罪。對曰。昔虞閼父爲周陶正。以服事我先王。閼父。舜之後。當周之興。閼父爲武王陶正。我先王賴其利器用也。與其神明之後也。舜聖。故謂之神明。庸以元女大姬配胡公。庸。用也。元女。武王之長女。胡公。閼父之子滿也。（大）晉泰而封諸陳以備三恪。周得天下。封夏殷二王後。又封舜後。謂之恪。并二王後爲三國。其禮轉降。示敬而已。故曰三恪。則我周之自出。至于今是賴。言陳。周之甥。至今賴周德。桓公之亂。蔡人欲立其出。陳桓公鮑卒。於是陳亂。事在魯桓五年。蔡出。桓公之子厲公也。我先君莊公。奉五父而立之。五父佗。桓公弟。殺大子免而代之。鄭莊公因就定其位。蔡人殺之。欲立其出故。我又與蔡人奉戴厲公。奉戴猶奉事。至於莊宣。皆我之自立。陳莊公宣公。皆厲公子。夏氏之亂。成公播蕩。又我之自入。君所知也。播蕩流移失所。宣十一年。陳夏徵舒弒靈公。靈公之子成公奔晉。自晉因鄭而入也今陳忘周之大德蔑我大惠弃我姻親介恃楚衆以馮陵我敝邑不可億逞億度也逞盡也我是以有往年之告謂鄭伯稽首告晉請伐陳未獲成命未得伐陳命則有我東門之役前年陳從楚伐鄭東門當陳隧者井堙木刊敝邑大懼不競而恥大姬上辱大姬之靈天誘其衷啓敝邑心啓開也開道其心故得勝陳知其罪授手于我用敢獻功晉人曰何故侵小對曰先王之命唯罪所在各致其辟辟誅也○辟婢

亦反且昔天子之地一圻（方千里。○圻音祈）列國一同（方百里）自是以衰（衰差降。○衰初危反）今大國多數圻矣，若無侵小，何以至焉。晉人曰：何故戎服。對曰：我先君武莊爲平桓卿士（鄭武公、莊公爲周平王、桓王卿士。○數色主反。下同）城濮之役，文公布命曰：各復舊職（晉文公）命我文公戎服輔王，以授楚捷，不敢廢王命故也（城濮在僖二十八年）士莊伯不能詰（士莊伯，士弱也）復於趙文子。文子曰：其辭順，犯順不祥。乃受之。

冬。十月。子展相鄭伯如晉。拜陳之功謝晉受其功子西復伐陳。陳及鄭平前雖入陳。服之而已。故更伐以結成仲尼曰。志有之志。古書言以足志。文以足言足猶成也○足將住反。又如字不言。誰知其志。言之無文。行而不遠雖得行。猶不能及遠晉爲伯。鄭入陳。非文辭不爲功。愼辭哉樞機之發。榮辱之主楚蔿掩爲司馬蔿子馮之子子木使庀賦庀。治。○庀匹婢反數甲兵閱數甲午。蔿掩書土田書土地之所宜度山林度量山林之材。以共國用。○度待洛反鳩藪澤鳩聚也。聚成藪澤。使民不得焚燎壞之。欲以備田獵之處。辨京陵辨別也。絕高曰京。大阜曰陵。別之以爲冢墓之地。表淳鹵淳鹵埆薄之地。表異。輕其賦稅。○淳音純。鹵音魯。說文云。鹵西方鹹也。數疆潦疆界有流潦者。計數減其租入。規偃豬偃豬。下濕之地。規度其受水多少。○偃於建反。一如字。町原防廣平曰原。防。隄也。隄防間地。不得方正如井田。別爲小頃町。○町徒頂反。牧隰皐隰皐。水厓下濕。爲芻牧之地。井衍沃衍沃。平美之地。則如周禮制以爲井田。六尺爲步。步百爲畝。畝百爲夫。九夫爲井。○衍以善反。下平曰衍。有流曰沃。量入脩賦量九土之所入。而治理其賦稅。○量音良。又音亮。賦車籍馬籍。疏其毛色歲齒。以備軍用賦車兵車兵。甲士徒兵步卒甲楯之數使器杖有常數。楯食準反。又音尹。既成。以授子木。禮也。得治國之禮。傳言楚之所以興十二月。吳子諸樊伐楚。以報舟師之役舟師在二十四年也門于巢攻巢門巢牛臣曰。吳王勇而輕。若啓之。將親門啓。開門也。輕遣政反。我獲射之。必殪殪。死也。射食亦反。殪於計反是君也。死。疆其少安。從之。吳子門焉。牛臣隱於短牆以射之。卒。楚子以滅舒鳩賞子木。辭曰。先大夫蔿子之功也。以與蔿掩。往年楚子將伐舒鳩，蔿子馮請退師，以須其叛。楚子從之。卒獲舒鳩，故子木辭賞，以與其子。晉程鄭卒。子產始知然明，前年然明謂程鄭將死。今如其言，故知之。問爲政焉。對曰：視民如子。見不仁者誅之，如鷹鸇之逐鳥雀也。子產喜，以語子大叔，且曰：他日吾見蔑之面而已，蔑，然明名。○鸇之然反。語，魚據反。今吾見其心矣。子大叔問政於子產。子產曰：政如農功，日夜思之，思其始而成其終，朝夕而行之，行無越思，思而後行。如農之有畔言有次其過鮮矣衛獻公自夷儀使與甯喜言求復國也甯喜許之大叔文子聞之大叔儀也曰烏乎詩所謂我躬不說皇恤我後者甯子可謂不恤其後矣皇暇也詩小雅言今我不能自容說何暇念其後乎謂甯子必身受禍不得恤其後也○說音悅將可乎哉殆必不可君子之行思其終也思使終可成思其復也思其可復行書曰慎始而敬終終以不困逸書詩曰夙夜匪解以事一人一人以喻若今甯子視君不如

弈棋弈，圍棋也。其何以免乎。弈者舉棋不定，不勝其耦，而況置君而弗定乎。必不免矣。九世之卿族，一舉而滅之，可哀也哉。甯氏出自衛武公，及喜九世也。

春秋經傳集解襄公四第十七

武英殿仿宋本　春秋十七　二十三

襄二十五年

相臺岳氏刻梓荊谿家塾

進士臣王鵬敬書

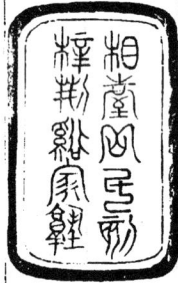

# 春秋卷十七考證

二十三年臧孫紇出奔邾註以取奔亡罪之○案取猶自取杜氏謂紇阿順季氏廢長立少以致出奔實由自取故經書名以罪之　殿本閣本作以此奔亡罪之義似少遜

傳鞅用劒以帥卒註用劒短兵接敵○短兵接敵句正解用劒二字　殿本作用短劒兵接敵文義澀滯

有臧武仲之知註謂能辟齊禍○○殿本閣本禍作過案武仲知齊侯將敗不欲受田乃以鼠比之齊侯怒而弗與故不及崔杼之難所謂辟齊禍也過字於義

未愜

二十四年傳在周爲唐杜氏註四世及士會食邑于范復爲范氏○案士會封于范其後方因以爲范氏義本兩層他本脫復爲范三字作食邑于范氏誤

二十五年傳夏氏之亂註宣十一年陳夏徵舒弑靈公○案徵舒弑靈在宣十年此作十一年似誤但諸本皆同今仍其舊

且昔天子之地一圻○且昔　殿本閣本作且夫案此追原分封之始故言且昔與下文今大國多數圻今字相應當從原本爲善